Peter Potthoff
Psychoanalytische Feldtheorien

Das Anliegen der Buchreihe Bibliothek der Psychoanalyse besteht darin, ein Forum der Auseinandersetzung zu schaffen, das der Psychoanalyse als Grundlagenwissenschaft, als Human- und Kulturwissenschaft sowie als klinische Theorie und Praxis neue Impulse verleiht. Die verschiedenen Strömungen innerhalb der Psychoanalyse sollen zu Wort kommen, und der kritische Dialog mit den Nachbarwissenschaften soll intensiviert werden. Bislang haben sich folgende Themenschwerpunkte herauskristallisiert: Die Wiederentdeckung lange vergriffener Klassiker der Psychoanalyse – wie beispielsweise der Werke von Otto Fenichel, Karl Abraham, Siegfried Bernfeld, W. R. D. Fairbairn, Sándor Ferenczi und Otto Rank – soll die gemeinsamen Wurzeln der von Zersplitterung bedrohten psychoanalytischen Bewegung stärken. Einen weiteren Baustein psychoanalytischer Identität bildet die Beschäftigung mit dem Werk und der Person Sigmund Freuds und den Diskussionen und Konflikten in der Frühgeschichte der psychoanalytischen Bewegung.

Im Zuge ihrer Etablierung als medizinisch-psychologisches Heilverfahren hat die Psychoanalyse ihre geisteswissenschaftlichen, kulturanalytischen und politischen Bezüge vernachlässigt. Indem der Dialog mit den Nachbarwissenschaften wiederaufgenommen wird, soll das kultur- und gesellschaftskritische Erbe der Psychoanalyse wiederbelebt und weiterentwickelt werden.

Die Psychoanalyse steht in Konkurrenz zu benachbarten Psychotherapieverfahren und der biologisch-naturwissenschaftlichen Psychiatrie. Als das ambitionierteste unter den psychotherapeutischen Verfahren sollte sich die Psychoanalyse der Überprüfung ihrer Verfahrensweisen und ihrer Therapie-Erfolge durch die empirischen Wissenschaften stellen, aber auch eigene Kriterien und Verfahren zur Erfolgskontrolle entwickeln. In diesen Zusammenhang gehört auch die Wiederaufnahme der Diskussion über den besonderen wissenschaftstheoretischen Status der Psychoanalyse.

Hundert Jahre nach ihrer Schöpfung durch Sigmund Freud sieht sich die Psychoanalyse vor neue Herausforderungen gestellt, die sie nur bewältigen kann, wenn sie sich auf ihr kritisches Potenzial besinnt.

Bibliothek der Psychoanalyse
Herausgegeben von Hans-Jürgen Wirth

Peter Potthoff

Psychoanalytische Feldtheorien

Auf dem Weg zu einem schulenübergreifenden Paradigma

Psychosozial-Verlag

Bibliografische Information der Deutschen Nationalbibliothek
Die Deutsche Nationalbibliothek verzeichnet diese Publikation in der Deutschen Nationalbibliografie; detaillierte bibliografische Daten sind im Internet über http://dnb.d-nb.de abrufbar.

Originalausgabe

E-Mail: info@psychosozial-verlag.de
www.psychosozial-verlag.de

Umschlagabbildung: Paul Klee, *Gartenanlage in Felsen*, 1925
Umschlaggestaltung und Innenlayout nach Entwürfen von Hanspeter Ludwig, Wetzlar
ISBN 978-3-8379-3183-9 (Print)
ISBN 978-3-8379-7905-3 (E-Book-PDF)

Inhalt

Einleitung

Bis in die 1950er Jahre präsentierte sich der psychoanalytische Mainstream zwar uneinheitlich, aber doch auf einige wenige große Schulrichtungen begrenzt: Freudianer, Kleinianer und Ich-Psychologen[1]. In Frankreich orientierten sich die meisten Psychoanalytiker an der Freud'schen Psychoanalyse in ihrer ursprünglichen Form; mit Lacan kam es aber zu einer wesentlichen ersten Abspaltung. Außerhalb des Mainstreams hatte sich die Interpersonale Psychoanalyse außerhalb und in deutlicher Abgrenzung zum Mainstream entwickelt und vor allem Gedanken des Psychiaters Sullivan aufgegriffen; dazu wurde die Amerikanische Psychoanalytische Vereinigung von mehreren Abspaltungswellen erfasst.

Seit dem Ende der 1950er Jahre setzte dann eine weitere Auffächerung ein, die durch die Erfordernisse einer sich verändernden Praxis und eine gewandelte Auffassung vom wissenschaftlichen Status der Psychoanalyse bestimmt war. Störungen außerhalb des Spektrums der von Freud beschriebenen Übertragungsneurosen, die vorher oft als unanalysierbar galten, rückten in das Zentrum des klinischen Interesses: »narzisstische Störungen« (Kohut, Kernberg), »Grenzfälle« (Green), »Borderline-Störungen«

1 Der vorliegende Text verzichtet aus Gründen der Lesbarkeit auf gegenderte Formen und verwendet mit Blick auf Personenbezeichnungen stattdessen die maskuline Form, wobei ausdrücklich sämtliche Geschlechter mitgemeint und angesprochen sind.

(Kernberg), »Als-ob-Persönlichkeiten« (Deutsch), »Pathologien des Falschen Selbst« (Winnicott) und – wenn auch insgesamt weniger erforscht – schizophrene und schizoaffektive Psychosen (Fromm-Reichmann, Searles, Rosenfeld). Neben der klassischen Triebtheorie und ihren Ich-psychologischen Erweiterungen entwickelten sich die verschiedenen Richtungen der Objektbeziehungstheorie, die das motivationale Primat der Triebe relativierten oder ganz ablehnten (Winnicott, Fairbairn). Die klassische Metapsychologie wurde kritisiert und zum Teil als mechanistisch-irrelevant abgelehnt (Grünbaum, G. S. Klein), das von Freud und vor allem Hartmann aufgestellte Postulat, die Psychoanalyse sei als Naturwissenschaft zu verstehen, zunehmend infrage gestellt. Den neuen Theorien war gemeinsam, dass sie kreative Entwicklungen anstießen, die Behandlungsmöglichkeiten beträchtlich erweiterten, aufgrund ihrer sehr unterschiedlichen theoretischen und klinischen Annahmen aber auch die Verständigung unter den Psychoanalytikern zunehmend erschwerten. Dabei entwickelte sich zunehmend eine babylonische Sprachverwirrung der Psychoanalyse. Manche der neuen Theorien setzten an Teilbereichen der traditionellen Theorie an und entwickelten zunächst partiell neue Vorstellungen, um bestimmten Patientengruppen gerechtzuwerden, später weiteten sie dann ihre Theorie zu einem eigenständigen umfassenden Theoriegebäude aus. So entstand beispielsweise Kohuts Theorie des Selbst zunächst nur als Teiltheorie zum Verständnis narzisstischer Störungen, bis er schließlich eine Systematik schuf, der zufolge alle Pathologien als Störungen des Selbst verstanden werden können.

Eine neue Welle der Theorie-Entwicklung entstand in den 1980er und 1990er Jahren vor allem in den USA. Ausgangspunkt war – wie auch schon bei früheren Entwicklungen – eine zunehmende Unzufriedenheit mit der vorherrschenden Ich-Psychologie, die als mechanistisch, steril und zum Verständnis gerade kränkerer Patienten ungeeignet erschien. Neben der Selbstpsychologie entwickelten sich verschiedene überwiegend objektbeziehungstheoretisch ausgerichtete Strömungen: die Intersubjektivisten um Stolorow, die Entwicklungstheoretiker um Stern, Lachmann und Lichtenberg sowie die Relationale Psychoanalyse mit ihren Protagonisten Mitchell, Aron und Benjamin. Wesentliche Proponenten der Relationalen Psychoanalyse entstammten ursprünglich der Interpersonalen Psychoanalyse, die sich den Vorstellungen des psychoanalytischen Mainstreams langsam wieder etwas annäherte. Heute sind Interpersonal und Relational Psychoanalysis inhaltlich und teilweise auch organisatorisch relativ gut verbunden. Diese nordamerikanischen Schulrichtungen waren wesentliche Träger des *intersubjective turns*, der aber auch die traditionellen Schulrichtungen teilweise erfasst hat. Mit der Intersubjektiven Wende wurde bei allem Pluralismus auch ein gewisser gemeinsamer Boden offenbar, der der Zersplitterung der psychoanalytischen Landschaft entgegengesetzt zu wirken begann und dessen Auslotung vielleicht gerade erst beginnt.

Interessanterweise findet sich die intersubjektive Orientierung bereits im berühmten Receiver-Modell bei Freud (1912e, S. 381), der diese Richtung explizit aber nicht weiterverfolgte. Sein engster Mitarbeiter Ferenczi und dessen Schüler Balint begründeten aber bereits in den 1920er und 1930er Jahren eine zumindest stark intersubjektiv gefärbte frühe Objektbeziehungstheorie. Ferenzci traf wegen seiner Theorie der gegenseitigen Analyse (Dupont, 1988) der Bannstrahl Freuds, sodass seine wesentlichen Beiträge – oft auf dem Umweg über die neuen nordamerikanischen psychoanalytischen Schulen – erst Jahrzehnte später wieder Eingang in den Mainstream fanden. Insbesondere seine Arbeit »Sprachverwirrung zwischen den Erwachsenen und dem Kind (Die Sprache der Zärtlichkeit und der Leidenschaft)« von 1932 kann heute als ein allgemein anerkannter Klassiker der Literatur über sexuellen Missbrauch und die damit verbundene intersubjektive Situation (z. B. Übernahme der Schuld- und Schamgefühle des Täters durch das Opfer) betrachtet werden.

Als eine weitere Differenzierung und Ausweitung des intersubjektiven Paradigmas können nun die verschiedenen psychoanalytischen Feldtheorien verstanden werden, die durch den Feldgedanken der bis dato beschriebenen engen Verklammerung von Übertragung und Gegenübertragung durch die Konzeptualisierung weiterer Faktoren eine Tiefendimension hinzufügen (siehe Abschnitt »Warum Feldtheorie?«).

Der Feldgedanke hat sich – weitgehend unabhängig – in verschiedenen Regionen der Welt entwickelt. Er fand Eingang in die sich entwickelnde Theorie der Gruppentherapie in den 1950er Jahren, vor allem vertreten durch Bion und Foulkes. In Südamerika entwickelten die Barangers, fußend auf klinischen Ideen ihres Mentors Pichon-Rivière, des Sozialpsychologen Kurt Lewin und des Philosophen Merleau-Ponty, seit den 1950er Jahren ihre zunächst sehr kleinianisch ausgerichtete Feldtheorie. Seit den 1980er Jahren haben italienische Psychoanalytiker (vor allem Ferro und Civitarese) Überlegungen Bions mit den Konzepten der Barangers verbunden und die sogenannte »Postbionianische Feldtheorie« (BFT) entwickelt. In einem völlig anderen psychoanalytischen Klima entstanden die verschiedenen nordamerikanischen Objektbeziehungstheorien (Interpersonal Psychoanalysis, Intersubjektivisten, Relational Psychoanalysis und diejenigen Gruppierungen, die sich sehr stark an der empirischen Kleinkindforschung orientieren wie die Boston Study of Change Group um Daniel Stern oder die Theoretiker der Motivationalen Systeme um Joseph D. Lichtenberg), deren Vertreter – zum Teil in Verbindung mit der Britischen Objektbeziehungstheorie (Fairbairn, Winnicott) – eine Konzeption der psychoanalytischen Situation vorlegten, die zwar den Feld-Begriff nicht explizit verwendet, aber von einem ähnlichen Konstrukt ausgehen. Stephen Mitchell, einer der wichtigsten Relationalen Theoretiker, spricht beispielsweise von einer »relationalen Matrix«, deren Beschreibung den Feldgedanken aufnimmt.

Inzwischen hat sich zwischen Postbionianiern und nordamerikanischen Theoretikern ein interessanter wissenschaftlicher Austausch entwickelt (D. B. Stern, 2013a, 2013b, 2020; Ferro & Civitarese, 2013; Brown, 2020). Zeitweilig hatte die amerikanische Psychoanalytikern Montana Katz eine Gruppe organisiert, die sich für eine systematische Erforschung und Weiterentwicklung der Feldtheorien einsetzte und entsprechende Veröffentlichungen erarbeitet hat (Katz, 2013, 2017; Katz, Cassorla & Civitarese, 2017). Derzeit existiert diese Gruppe nicht mehr.[2] Ich werde im Weiteren einige der Überlegungen von Katz, Cassorla und Civitarese aufgreifen.

Das Anliegen dieses Buches ist es, die Entwicklung der Feldtheorie nachzuzeichnen, die wichtigsten Konzepte darzustellen und den aktuellen Diskussionsstand wiederzugeben. Zunächst wird der ursprüngliche Feldgedanke – wie ihn als erster Kurt Lewin entwickelt hat – dargestellt, dann die gruppenanalytische Version der Feldtheorie (Bion und Foulkes) sowie die drei psychoanalytischen Feldtheorien. Anschließend erfolgt ein Vergleich der Theorien. Zum Abschluss werden Überlegungen für eine weitere Entwicklung des Feldgedankens angestellt.

Warum Feldtheorie?

Der Feldgedanke stammt ursprünglich aus der Physik und bezeichnet abgegrenzte dreidimensionale Räume, in denen gerichtete anziehende oder abstoßende Kräfte wirksam werden (innerhalb eines Gravitations- bzw. elektromagnetischen Feldes). Vor allem Kurt Lewin übertrug den Feld-Begriff auf die Psychologie und verstand die motivationalen Kräfte des Subjekts und die auf das Subjekt einwirkenden physikalischen und sozialen Kräfte als Bestandteile eines psychologischen Feldes, das mithilfe mathema-

2 Persönliche Mitteilung von Guiseppe Civitarese. Mehrere Versuche meinerseits, mit Frau Katz direkt Kontakt aufzunehmen, sind leider gescheitert.

tischer Vektoren zu beschreiben war. Lewin hat diese Vorstellung später auf das Studium von Gruppen und Organisationen ausgeweitet.

Freud entwickelte nach einer Pionierphase der Hysterie-Behandlung (Freud & Breuer, 1970 [1895]), in der er diese Erkrankungen als Sonderform traumatisch verursachter Störungen verstand, eine intrapsychisch angelegte Konzeptualisierung der Neurose. Hatte er die Hysterien früher als Erkrankungen, die in und durch schädliche Beziehungen entstehen, erklärt, so sah er nun die endopsychisch und biologisch generierten Triebe als das motivationale Primat an, aus deren »Triebschicksalen« (Freud) Gesundheit und Krankheit entstehen und sich sein ganzes weiteres Theoriegebäude ableitet. Allerdings musste er schon 1910 die Realität der Gegenübertragungsvorgänge anerkennen, verstand sie jedoch allein als Ausdruck der ungelösten (und unanalysierten) Probleme des Analytikers. In seinem weiteren Werk taucht der Begriff der Gegenübertragung explizit nur noch an wenigen Stellen auf – gerade in seinen Schriften zur Behandlungstechnik macht er keinen Gebrauch davon. Allerdings findet sich hier das berühmte Receiver-Modell (Freud, 1912e) als Urbild einer intersubjektiven Kommunikation und Verschränkung, später ergänzt durch die Metapher des Schachspiels: Die »Eröffnungszüge« der Behandlung entscheiden in Vielem den weiteren Verlauf. Jeder Zug eines der beiden Spieler ist immer auch eine Reaktion auf den vorhergehenden Zug des anderen und induziert wiederum einen (Gegen-)Zug. Man kann vermuten, dass Freud die intersubjektive Perspektive und damit zwangsläufig die subjektiven Aspekte des Analytikers nicht weiterverfolgte, weil er die Psychoanalyse als Wissenschaft im üblichen Sinne etablieren wollte, somit wissenschaftliche Objektivität und Neutralität betont werden mussten. Gleichzeitig beobachtete er mit Sorge die zum Teil heftigen Verwicklungen seiner Schüler mit ihren Patientinnen, beispielsweise das Paar Jung und Spielrein, später Ferenczis problematische Technik der gegenseitigen Analyse mit Frau R.N.

So dauerte es bis 1950, als Paula Heimann in einer bahnbrechenden Arbeit auf die durchgehende Bedeutung der Gegenübertragung hinwies. Sie sah diese allerdings als »Schöpfung« des Patienten und nicht als Ergebnis gemeinsamer Arbeit an, hob aber den therapeutischen Nutzen der sorgfältigen Analyse der Gegenübertragung hervor. Racker (1978 [1959]) erweiterte und systematisierte den Gegenübertragungsbegriff beträchtlich und betonte insbesondere – im Gegensatz zu Heimann – die umfassende Beteiligung des Analytikers bei der Entfaltung der Gegenübertragung. Er prägte in Analogie zum Begriff der Übertragungsneurose die Bezeichnung »Gegenübertragungsneurose« als Gesamt der Reaktionen des Analytikers auf das Beziehungsangebot des Patienten. In der Folge wurde der Begriff der Gegenübertragung mehr und mehr akzeptiert – von den eher traditionellen Freudianern und Kleinianern allerdings lange unter Vorbehalt: Es blieb der Geruch eines Versagens des Analytikers aufgrund eigener ungelöster Probleme. Im Mainstream änderte sich das nachhaltig vor allem durch die Arbeiten von Jakobs (1991, 2005), der den dann maßgeblichen Begriff des »Enactments« schuf, der die immer wieder zu beobachtenden Verwicklungen und Interdependenzen zwischen Übertragung und Gegenübertragung näher beschrieb. Anders als in den intersubjektiven Konzepten der nordamerikanischen Objektbeziehungstheorien wurde »Enactment« hier als ausnahmsweise erfolgende Zuspitzung einer Problematik verstanden, während Theoretiker wie Donnel B. Stern (2010) oder Bromberg (1998) davon ausgehen, dass unbewusste Verwicklungen des analytischen Paars unvermeidbar ständige Begleitmusik der analytischen Begegnung sind, auch wenn sie oft nicht bemerkt werden.

Der eigentliche Feldgedanke Lewins wurde zunächst vom Psychoanalytiker Sigmund H. Foulkes (1983 [1948]) übernommen. Foulkes hat später dann mehr von der Matrix der Gruppe gesprochen, die aber im Wesentlichen die gleichen Phänomene wie der Feld-Begriff beschreibt und konzeptualisiert. Der andere große gruppenanalytische Pionier, Wilfred R. Bion (1991 [1961]), sprach von einem »protomentalen System«, das sich in der Gruppe manifestiert und ihr Verhalten wesentlich bestimmt.

Das Ehepaar Baranger (2018 [1961]) verwendete den Feld-Begriff in der Psychoanalyse als erstes; deren Konzeption wurde von den italienischen Analytikern Ferro und Civitarese teilweise aufgegriffen und mit Überlegungen Bions verknüpft – diese prägten den Begriff der Postbionianischen Feldtheorie (BFT; Ferro & Civitarese, 2015).

Die nordamerikanischen Objektbeziehungstheoretiker (im Kontext von Interpersonal Psychoanalysis, Relationaler Psychoanalyse, Intersubjektivisten, Entwicklungs- und Systemorientierter Psychoanalyse), entwickelten die Idee einer gemeinsamen Matrix von Analytiker und Analysand, die wechselseitig als »relational« (Mitchell), »interpersonal« (Sullivan und Levenson) oder als »Verschränkung von Feldern« (Stolorow, Atwood und Brandchaft) bezeichnet wurde.[3] Teil dieser Vorstellung war, dass beide Partner der Analyse sich in einer intensiven, überwiegend auf unbewusster Ebene ablaufenden intersubjektiven Verschränkung befinden, deren Bewusstmachung und Dekonstruktion Hauptaufgabe der Analyse sei. Damit war in Nordamerika – unabhängig von der südamerikanischen und italienischen Feldtheorie – die Idee eines intersubjektiven Feldes geboren, das allerdings nicht immer so benannt wurde.

Worin liegt nun der Vorteil des Feld-Begriffs? In der ursprünglichen Fassung der analytischen Situation (Freud 1912e, 1913c) entfaltet sich weitgehend autochthon ein monokausales, lineares Geschehen: Der Analysand entwickelt eine auf den Analytiker bezogene Übertragung, die wesentliche Aspekte seiner relevanten frühen Beziehungen zum Ausdruck bringt und mithilfe des

3 Man könnte hier mit Einschränkungen auch die Selbstpsychologie einreihen, die mit der Selbst-Selbstobjekt-Matrix auch ein spezielles Feldmodell beschreibt (Goldberg, 1998).

als neutralen Spiegel fungierenden Analytikers aufgelöst werden kann. Alle von Freud in seinen technischen Schriften beschriebenen Maßnahmen zielen darauf ab, die Übertragung möglichst rein und »unkontaminiert« hervortreten zu lassen, um sie dann durch den Deutungsakt schrittweise aufzulösen. Der Analytiker sollte von sich aus nichts hinzufügen, seine Subjektivität kann nur stören.

Mit dem Konzept der Gegenübertragung wandelte sich das Bild: Nun gibt es eine zumindest teilweise wechselseitige Bewegung zwischen Analytiker und Analysand, allerdings konnte der jeweilige »Verursacher« immer klar benannt werden: Der Analysand zeigte seine Übertragung, der Analytiker reagierte mit seiner Übertragung, wobei allerdings Racker schon bemerkte, dass die Gegenübertragung nicht selten der Übertragung vorausging, der Patient also seinerseits auf den Analytiker reagierte.

Während man nun diese beiden Modelle als ein- bzw. zweidimensional bezeichnen könnte, fügt die neue intersubjektive Theoriebildung des Feldes gewissermaßen eine dritte Dimension dadurch hinzu, dass das sich bildende Feld eine weitere Größe darstellt, die mehr als die Beiträge von Analytiker und Analysand umfasst – also neue, aus der Situation entstehende, emergente Eigenschaften aufweist. Folgt man dem Feldgedanken, kann oft nicht kausal zugeordnet werden, was von wem ausgeht, die Phänomene erweisen sich vielmehr als ko-kreiert und damit auch oft als unvorhersehbar. So üben nicht nur Analytiker und Analysand einen Einfluss aus, sondern das Feld mit seinen neuen Eigenschaften ist als weitere Größe beteiligt mit Eigenschaften, die über die mitgebrachten Qualitäten von Analytiker und Analysand hinausgehen. Hier liegt nun sicher die Gefahr einer Reifizierung und Mythenbildung – so, als ob nun gewissermaßen eine neue psychische Entität entstünde. Gemeint ist eher, dass sich ein gemeinsam hergestelltes, sich ständig wandelndes Phantasiegebilde formiert, das wiederum auf die beiden Akteure zurückwirkt. Vergleichbar ist dies mit Gruppenphänomenen wie zum Beispiel dem »Korpsgeist« oder der von Dick beschriebenen »joint matrimonial personality« (1993 [1967]) bei Paaren. Das Feldkonzept erklärt auch, dass Veränderungen des Feldes immer eine Veränderung der Gesamtkonstellation nach sich ziehen, auch wenn sie möglicherweise (zunächst) nur in der Peripherie stattfinden. Man könnte hier beispielsweise an politische Ereignisse denken, die auch Auswirkungen auf den analytischen Prozess haben, obwohl sie sich vielleicht in erheblicher Distanz von wichtigen innerpsychischen Dynamiken abspielen. Die Gruppenanalyse hat mit ihrem analogen Konzept der Matrix an vielen Beispielen nachgewiesen, wie sich innerhalb eines Gruppenfeldes bleibende Eigenschaften entwickeln, die auch das Ausscheiden einzelner Gruppenmitglieder, die an deren Herstellung maßgeblich beteiligt waren, überdauern. Ebenso gibt es in großen Menschenverbünden historische Ereignisse und deren phantasmatische Verarbeitung, die über Jahrhunderte nachwirken (Volkan, 2000)[4]. Kurz gesagt: Der Feld-Begriff ermöglicht, eine größere Komplexität zu fassen, als es die alten Begriffe von Übertragung und Gegenübertragung leisten konnten. Eine weitere Komplexitätssteigerung scheint möglich, wenn man die Theorie eines dynamischen Systems (Chaostheorie)[5] hinzuzieht, die mehr und mehr auch von psychoanalytischen Theoretikern verwendet wird (J.S. Scharff & D.E. Scharff, 1998; Galatzer-Levy, 2017; Levenson, 2017).

4 Volkan stellt dar, wie das Trauma der verlorenen Schlacht auf dem Amselfeld eine konstituierende Bedeutung für das serbische Nationalbewusstsein erlangt hat.

5 Dieses komplexe Theoriesystem kann an dieser Stelle nicht ausführlich dargestellt werden. Es hat sich ursprünglich aus mathematischen Vorhersagemodellen entwickelt, findet inzwischen Anwendung in vielen Wissenschaftsbereichen wie der Wettervorhersage, der Wirtschaftsentwicklung, der Entwicklungspsychologie – und in den letzten Jahren auch der Psychoanalyse. Diese Theorie beschreibt Eigenschaften offener, sich selbst organisierender Systeme, die sich scheinbar spontan, bei genauerer Betrachtung aber durch regelhaft gestaltete Entwicklungszyklen bewegen und dabei zwischen Chaos und Ordnung oszillieren.

Feldtheorien in den Sozialwissenschaften und in der Gruppenanalyse

Kurt Lewin als Begründer der Feldtheorie in den Sozialwissenschaften

Kurt Lewin (1890–1947) wird neben Jacob Levy Moreno als der Vater der Feldtheorie betrachtet. Er war Jude und musste 1933 in die USA emigrieren. Lewin studierte zunächst Medizin, wandte sich dann der Psychologie zu, die an den Universitäten seinerzeit noch ein Teilgebiet der Philosophie war. Aus der Gestaltpsychologie übernahm er die Vorstellung einer Einheit aus Wahrnehmung, Erleben und Verhalten, die im Gegensatz zum elementaristisch-zergliedernden Trend der akademischen Psychologie stand. In den 1920er Jahren arbeitete er an der Universität Berlin und entwickelte zusammen mit seinen Doktoranden in Experimentalstudien zur Willens-, Handlungs- und Affektpsychologie seine sozialwissenschaftliche Feldtheorie, die er in den 1930er Jahren in den USA ausformulierte und schließlich in den 1940er Jahren auf verschiedenen Gebieten erprobte.

Im Gegensatz zu den nomothetisch-statistischen Untersuchungen der akademischen Psychologie untersuchte er jeden Einzelfall unter Berücksichtigung des jeweiligen Feldes, indem die jeweilige Versuchsperson sich bewegte. Dabei interessierten ihn die im Feld wirksam werdenden Kräfte[6] genauso wie die inneren motivatio-

6 Lewin teilte die dynamische Betrachtungsweise der Psychoanalyse, lehnte die Triebtheorie aber beispielsweise ab. Auch er sah einen fließenden Übergang

nalen Antriebe des Subjekts, die nach seiner Auffassung in ihrem Zusammenwirken das Feld mit seinen Kraftlinien konstituieren. Seine Experimente kamen ohne großen apparativen Aufwand aus, er untersuchte im Wesentlichen Alltagssituationen. Dabei interessierten ihn keine statistischen Zusammenhänge, bei denen abweichende Einzelfälle als »Ausnahmen« angeblich die Regel bestätigen, sondern er ging davon aus, dass sich in Kenntnis aller Eigenschaften des Feldes die dort auftretenden Phänomene restlos aufklären und als allgemeine Gesetze formulieren lassen würden. Die Gültigkeit der Gesetzmäßigkeiten sollte sich gerade durch die Anwendbarkeit auf jeden Einzelfall erweisen. In der Vektordarstellung nach Richtung und Stärke der im Feld wirksamen Kräfte glaubte er, eine mathematisch-präzise Darstellungsform gefunden zu haben, die sich nach und nach auf alle psychologischen Phänomene ausweiten lassen würde. Er ging dabei von der Erfahrung aus, dass qualitative Vektordarstellungen in der Geometrie schließlich auch quantitative Darstellungen der Relationen ermöglichen. Dabei wandte er sich der Topologie, einem Teilgebiet der Mathematik, das Verbindungen zur Vektor-Theorie und Mengenlehre aufweist, zu und entwarf seine mathematische fundierte Feldtheorie – er prägte den Begriff der »Topologischen Psychologie« (1969 [1936]). Mathematiker und akademische Psychologen folgten seiner Theorie nicht (London, 1944). Versteht man die Vektordarstellungen und Beschreibungen der verschiedenen Felder eher in einem symbolisch-veranschaulichenden Sinne, ergeben die zahlreichen Schaubilder in seinen Schriften trotzdem einen Sinn und verdeutlichen die Phänomene mit großer Klarheit. Aus heutiger Sicht erinnert manches an die inzwischen wieder eher geschätzten Einzelfalldarstellungen, die auch nicht mit Durchschnittswerten operieren, sondern die Einzelsituation schlüssig aus Individuums- und Umgebungsvariablen ableiten.

---

von normalen zu pathologischen Phänomenen als Ausdruck von Kräften, die in allen Menschen wirksam sind.

Hatte sich Lewin in seiner Berliner Zeit noch vorwiegend mit Wahrnehmungspsychologie befasst, wandte er sich in den USA noch mehr der Entwicklungspsychologie, wirtschaftspsychologischen Untersuchungen und vor allem der Psychologie von Gruppen zu. Er war damit einer der Begründer der Gruppendynamik und experimentellen Sozialpsychologie. So gründete er das erste Forschungsinstitut für Gruppendynamik am MIT, was neben dem Tavistock Institute lange Zeit die wichtigste Institution zur Untersuchung der Dynamik von Gruppen war. Gleichzeitig entwickelte Lewin das sogenannte »T-[= Training-]Gruppenmodell«, einen Vorläufer der Selbsterfahrungsgruppe. Hätte Lewin länger gelebt, hätte er sich vermutlich auch vermehrt der Psychotherapie zugewandt.

Lewin verstand das Feld als durch multiple anziehende und abstoßende Kräfte bestimmt und formulierte seine »Universelle Verhaltensgleichung« V = f (P, U): Das Verhalten ist dabei eine Funktion der Persönlichkeit und der Umwelt (also des Feldes). Diese Gleichung hat eine eher beschreibende denn präzise mathematische Struktur – wie der genaue Funktionszusammenhang aussieht, ist nicht aufgeführt, auch sind P und U durch ein Komma verbunden bzw. getrennt. Da Felder immer von anderen Feldern umgeben sind, befinden sie sich in ständiger Veränderung, Voraussagen lassen sich nur für begrenzte Zeiträume machen, wenn die Grenzen und Bedingungen des Feldes einigermaßen stabil bleiben, das Feld sich also wie ein quasi-geschlossenes System verhält. Der Normalfall ist aber ein nach außen offenes System mit mehr oder weniger starker permanenter Veränderungstendenz. Lewin sah die Hauptaufgabe der Psychologie darin, die im Feld wirkenden Kräfte nach Stärke und Richtung zu bestimmen und dadurch den Hintergrund der beobachtbaren Phänomene wissenschaftlich zu fassen. Untersuchungsgegenstand war für ihn immer die Alltagswelt, die sozusagen sein sozialpsychologisches Laboratorium darstellte. Im Gegensatz zur akademischen Psychologie verwendete er also keine »reinen« Versuchsanordnungen, sondern untersuchte möglichst praxisnah. Das bedeutete vor allem auch, die Innenwelt seiner Probanden mit zu erforschen, und zu bestimmen, inwieweit die Untersuchungssituation wiederum durch ihn selbst und seine Interventionen geprägt war. Er verfolgte also konsequent einen feldorientierten Ansatz, indem er voraussetzte, dass das Untersuchungsfeld auch durch die Untersuchungssituation mit konstituiert ist. Bei seinen Untersuchungen von Kleingruppen führte er auch Interviews mit den Gruppenteilnehmern durch und bat sie um Rückmeldung zur Untersuchung. Lewin untersuchte die jeweilige aktuelle Konfiguration des Feldes; frühere Feldkonstellationen waren für ihn nur insofern relevant, als sie die aktuelle Struktur mit herbeigeführt hatten: Hier sah er die Psychoanalyse mit ihren genetischen Herleitungen eher kritisch.

Während sich Lewin in den 1920er Jahren vor allem auf Einzelpersonen konzentrierte, interessierte er sich in den 1930er und 1940er Jahren immer mehr für Prozesse in Gruppen, die sich sehr gut mit der Feldtheorie verstehen ließen: »Eine Gruppe lässt sich als dynamische Ganzheit charakterisieren: das bedeutet, dass eine Veränderung im Zustand eines Teils den Zustand jedes anderen Teils verändert« (Lewin, 1953 [1940], S. 128). Lewin führt in seinen Schriften Beispiele aus vielen Lebensbereichen auf; besonders prägnant und seinerzeit wissenschaftlich aber auch politisch bedeutsam waren seine Vergleichsuntersuchungen zwischen autoritär geführten und demokratisch geführten Gruppen. Erstere wiesen ein hohes Maß an Angst und mehr oder weniger verdeckter Aggression und gegenseitiger Konkurrenz sowie Aggressionsabfuhr mit Blick auf Sündenböcke auf, während die demokratischen Gruppen mit weniger Angst, eher konstruktiver Aggression und insgesamt solidarischem Verhalten operierten. Eine dritte Gruppe, die nach dem Laissez-Faire-Prinzip geführt wurde, ähnelte eher den autoritär geführten Gruppen. Lewin schreibt dazu:

> »Wenige Erfahrungen haben mich so beeindruckt wie der Ausdruck in den kindlichen Gesichtern am ersten Tage unter einem autokra-

> tischen Führer. Die Gruppe, die zuvor freundlich, offen kooperativ und voller Leben gewesen war, wurde in einer knappen halben Stunde eine sehr apathische wirkende Versammlung ohne Initiative. Der Wechsel von Autokratie zu Demokratie schien etwas mehr Zeit in Anspruch zu nehmen als derjenige von Demokratie zu Autokratie. Die Autokratie wird dem Individuum aufgezwungen, Demokratie muß es lernen!« (Lewin, zit. n. Marrow, 1977 [1969], S. 144)

Lewin hat seine Feldtheorie zunächst wohl eher als eine rein psychologisch-empirische Grundlagentheorie verstanden, später neigte er eher dazu, sie als eine Meta-Theorie anzusehen: »Die Feldtheorie kann wahrscheinlich gar nicht in derselben Weise wie Theorien im gewohnten Wortsinn als richtig oder falsch beurteilt werden. Man definiert sie besser als eine Methode der Analyse von Kausalbeziehungen und der Synthese wissenschaftlicher Konstrukte« (Lewin, 1982 [1943], S. 135). Er war davon überzeugt, dass die Psychologie ein Denken in Schulen auf Dauer überwinden werde, und sah seine Überlegungen als einen Beitrag dazu an.

Die Pioniere der südamerikanischen analytischen Feldtheorie, das Ehepaar Baranger, aber auch Sigmund H. Foulkes, einer der Väter der Gruppenanalyse, haben sich in ihren frühen Ausarbeitungen auf Lewin bezogen – später taucht sein Name nur noch selten auf, in der heutigen Psychologie mit dem dominierenden positivistisch-nomothetischen Paradigma spielt er keine große Rolle. Trotzdem ist seine Theorie in einer Zeit, die sich mehr und mehr der Verflochtenheit und gegenseitigen Interdependenz psychischer, sozialer, politischer aber auch ökologischer Faktoren bewusst wird, von hoher Aktualität.

Feldmodell und Gruppentheorie

Zwischenzeitlich hatte seit den 1940er Jahren aber auch eine intensivere Erforschung von Gruppenprozessen durch Psychoanalytiker (Rickmann, Bion und Foulkes) eingesetzt, die die Entwicklung eigener Feldmodelle zum Verständnis von Gruppen stimulierte. Bion und Foulkes entwickelten Modelle, die bleibenden Einfluss ausüben, wobei sich Foulkes vor allem auf therapeutische Gruppen bezog, während Bion eher eine Art generisches Gruppenmodell entwickelte, das sich prinzipiell auf alle Gruppen anwenden lässt, insbesondere aber in der Beratung und Entwicklung von Institutionen Anwendung findet (Tavistock-Modell). Da alle Menschen in Gruppen leben, finden sich die von Foulkes und Bion benannten Phänomene grundsätzlich in allen Lebensbereichen wieder und beschreiben damit sozusagen eine existenzielle, permanent wirksame Makro-Feldkonstellation, in der die Menschheit lebt.

Auffällig ist, dass die psychoanalytischen Feldtheoretiker die gruppenanalytischen Feldtheorien offensichtlich nicht rezipiert haben, was sicher auch mit dem zunehmenden Auseinanderklaffen beider Disziplinen seit den 1970er Jahren zusammenhängt, nachdem ein Teil der Gruppentheoretiker ursprünglich aus der Psychoanalyse kam. So verwendet beispielsweise Stephen Mitchell, ein führender Vertreter der Relationalen Psychoanalyse, den Begriff »Matrix« für die Feldsituation in der Einzelanalyse, der sich als »Matrix der Gruppe« 30 Jahre früher auch bei Foulkes findet.

Wilfred R. Bion: Die Gruppe als Feld ursprünglich protomentaler Kräfte

Bion hat sein Modell teilweise vor und während seiner psychoanalytischen Ausbildung in den 1950er Jahren entwickelt und in seinem Buch *Erfahrungen in Gruppen* (1991 [1961]) niedergelegt. Danach hat er nicht mehr direkt über Gruppen geschrieben; einige seiner psychoanalytischen Entdeckungen haben aber eine große Relevanz auch für das Verständnis von Gruppen, wie etwa das Container-Contained-Modell (ebd.; Hirsch, 2008) und die Vorstellung des genialen Denkers in seiner Rolle gegenüber der Gesellschaft und deren Establishment (Bion, 1993 [1970], S. 62–71).[7]

Bions eigene Lebenserfahrungen haben sicher eine große Rolle für sein Interesse an Gruppen gespielt: Sehr jung wurde er im Ersten Weltkrieg Panzerkommandant, mit seiner Einheit musste er schwere Verluste erleben. So ging er zwar hochdekoriert, aber auch schwer traumatisiert aus dem Krieg hervor. Er hat darüber in seiner Autobiografie *The Long Weekend* (1982) ausführlich berichtet und wohl den Rest seines Lebens auch mit der Verarbeitung dieser Traumata verbracht, was seine psychoanalytische Theoriebildung wesentlich geprägt hat –, dass nämlich das Individuum immer mit einer bedrohlichen, traumatisch-überwältigenden Wirklichkeit kämpfen muss, für die es mit seinem psychischen Apparat nur unzureichend ausgerüstet ist. Vor und während des Zweiten Weltkriegs war Bion mit Auswahlprozessen für Offiziere befasst und entwickelte dafür ein Modell leiterloser Gruppen – denen bestimmte Aufgaben zugewiesen wurden –, als Selektionsverfahren: Bewerber, die in dieser Situation die Gruppen organisieren konnten, galten als führungsgeeignet. Später leitete er für einige Wochen ein Militärkrankenhaus zur Behandlung traumatisierter Soldaten in Northfield, das in der Folge zu einer Art Mustereinrichtung der Behandlung Kriegstraumatisierter wurde – und das das Modell der therapeutischen Gemeinschaft wesentlich beeinflusst hat (Harrison, 2000). Bion wurde vermutlich wegen seiner revolutionären Umgestaltung der Klinik und seiner neuen The-

7 Bion spricht vom »außergewöhnlichen Individuum«, das als Genie, Mystiker oder Messias beschrieben werden kann, aber auch außergewöhnliche Wissenschaftler wie Newton bezeichnet. Allen gemeinsam ist die Fähigkeit, Konventionen, Denkgewohnheiten und scheinbare Erkenntnissicherheiten zu transzendieren und damit zum Fortschritt der Gesellschaft auf dem Weg der Disruption beizutragen, was sie aber fast immer in einen feinseligen Gegensatz zum herrschenden »Establishment« bringt.

rapiemaßnahmen nach wenigen Wochen abgelöst; bedeutende Gruppentherapeuten wie Sigmund H. Foulkes übernahmen nach ihm, behielten aber einige seiner Konzepte bei: gerade die Behandlung der Soldaten innerhalb eines therapeutischen Milieus, das Selbstorganisation, Initiative und vor allem Selbstachtung der Soldaten durch strukturierte Gruppenprozesse förderte und sie dadurch aus ihrer pathologischen Regression in weitgehende Hilflosigkeit herausholte, während zur damaligen Zeit eher disziplinarisch-militärische Maßnahmen als Behandlungsstandard galten. Nach dem Zweiten Weltkrieg war Bion für die Gruppentherapie an der Tavistock-Klinik zuständig, bis er sich ganz der Psychoanalyse zuwandte. Neben der Arbeit mit therapeutischen Gruppen organisierte er auch andere Gruppen (z. B. aus dem Behandlungspersonal der Klink, aus Vertretern von Wirtschaftsunternehmen und andere). Sein Buch schöpft aus den Erfahrungen in Northfield, vor allem aber in der Tavistock-Klinik.

Bion erkannte sehr rasch, dass eine wesentliche hilfreiche Strukturierung von Gruppen in Form des Stellens von Aufgaben bestand, wobei er bemerkte, dass der Aufgabenorientierung untergründige Prozesse, die diese sabotieren, entgegenstanden. Diese Prozesse beschrieb er als Grundannahmen, die einem frühen, tief unbewussten kollektiven Gruppengeschehen entstammen, das zur Abwehr massiver psychotischer Ängste dient. So entstand der Gedanke einer aufgabenorientierten Arbeitsgruppe, die ständig mit der Neigung zum Abgleiten in eine Grundannahme-Gruppe kämpft. Nach Bion findet sich diese Dynamik in allen Gruppen, wobei reife und primitive Mechanismen immer nebeneinander bestehen.[8] Die Aufrechterhaltung der Arbeitsgruppe erfordert einen ständigen psychischen Aufwand, weil sie gegen regressive Wünsche bestehen und sich an der Realität und »wissenschaftlichem Denken« orientieren sollte. Sie

8 Diese Vorstellung findet sich später auch im Modell der nebeneinander bestehenden psychotischen und nicht-psychotischen Persönlichkeitsanteile (Bion, 1957).

ringt um Entwicklung und reifes Funktionieren, ist Schmerz und Frustration ausgesetzt. Die Grundannahme-Gruppe hingegen ignoriert die Realität und geht davon aus, dass Entwicklung nicht erforderlich ist, die Probleme des Lebens durch mühelose, magische Prozeduren gelöst werden können. Dazu soll die Gruppe, vor allem aber der Leiter, beitragen. Auf Grundannahme-Niveau zu regredieren, hängt mit einer unbewussten Bindungsbereitschaft *(valency)* der Individuen zusammen, die – wie chemische Verbindungsdispositionen – als immer bereitliegender automatischer Mechanismus vorhanden ist. Bion unterscheidet drei Grundannahmen:

1. Die *Grundannahme der Abhängigkeit*: Hier verhält sich die Gruppe so, als sei sie ein hilfloses Kleinkind, das Hilfe und Nahrung durch einen starken Führer benötigt. Wenn der Gruppenleiter diese Annahme teilt und entsprechend leitet, verbleibt die Gruppe auf diesem wenig realitätsorientierten Level und kann bestimmte Aufgaben nicht wirklich lösen. Entspricht der Leiter der Gruppe dieser Annahme nicht, versucht die Gruppe aus ihren eigenen Reihen entsprechende Personen zu Führern zu machen, wobei auffällt, dass sie dabei in der Regel die jeweils psychisch kränksten Personen in diese Rolle bringt.
2. Bei der *Grundannahme von Kampf oder Flucht* sieht sich die Gruppe durch ein schlechtes (externalisiertes) Objekt bedroht, dem sie durch Kampf oder Flucht zu begegnen sucht. Paranoid strukturierte Führer machen sich diese Dynamik zunutze.
3. Schließlich kann die *Grundannahme der Paarbildung* auftreten, bei der zwei Gruppenmitglieder ein Paar bilden, das messianische Hoffnungen weckt, die sich aber nicht erfüllen dürfen.

Bion postuliert, dass jede Gesellschaft den disruptiven Tendenzen der Grundannahme-Bereitschaft durch die Bildung spezialisierter

Untergruppen, die diese Grundannahme-Tendenzen zu organisieren versuchen, begegnet: die Kirche dem Abhängigkeitsverlangen, das Militär den paranoiden Kampf-Flucht-Tendenzen und die Aristokratie (man könnte auch sagen: manche anderen Eliten) den utopisch-messianischen Erwartungen. Bei kleinen Gruppen kann ein Wechsel zwischen den Grundannahmen beobachtet werden, wobei die jeweils aktive Grundannahme die anderen Grundannahmen außer Kraft setzt. Bion postuliert ein zugrundeliegendes *protomentales System*, das auf physiologischer Ebene funktioniert und aus dem im Wechsel die psychischen Grundannahmen entstehen. Damit beinhaltet das Bion'sche Feldmodell auch ein weitreichendes psychosomatisches Modell, mit dem die Verbindung und wechselseitige Ersetzung somatischer und psychischer Phänomene erklärt werden können. Er bezieht sich dabei vor allem auf die seinerzeit bekannten psychosomatischen Zusammenhänge bei der Tuberkulose und vermutet typische Kombinationen aus somatischen Symptomen und psychischen Auffälligkeiten. Damit könnten psychosomatische Erkrankungen auch als Erkrankungen jeweiliger Gruppen (sozialer Felder) verstanden werden – die individuumszentrierte Betrachtung wäre durch einen gesellschaftlichen Bezugsrahmen ergänzt.

Bion beobachtete in kleinen Gruppen, dass das rationale Denken der Arbeitsgruppe durch die konsequente Deutung der Grundannahme-Phänomene in Person des Gruppenleiters gefördert und die störenden Grundannahme-Phänomene kontrolliert werden konnten. Obwohl die Grundannahmen – ähnlich wie die Triebe des Es – immer wirksam und in sich nicht veränderbar seien, setze sich am Schluss die Arbeitsgruppe durch.

Bion hatte seine Theorie durch Beobachtung der von ihm behandelten Kleingruppen gewonnen, wobei ihm anscheinend nicht so sehr an therapeutischen Erfolgen, sondern an der möglichst genauen Entwicklung und Registrierung der Phänomene gelegen war. Dies führte zu einer gelegentlich fast bizarr-zwanghaft anmutenden Haltung von Abstinenz und Konzentration ausschließlich auf Gruppendeutungen. Eindrücklich beschreibt Bion, wie die Gruppen sehr oft mit Ärger, Frustration und vor allem Stagnation reagierten, nach seinem Eindruck aber langfristig seine Deutungen verwerten konnten. Insgesamt blieb Bion aber skeptisch hinsichtlich der psychotherapeutischen Möglichkeiten von Gruppen. Kümmere man sich um die Probleme der einzelnen Gruppenmitglieder, gerate das Gruppengeschehen aus dem Blick und damit die Möglichkeit, an der Regressionsbereitschaft und der Anfälligkeit für Grundannahme-Phänomene zu arbeiten. Bion ging – in bester kleinianischer Tradition – davon aus, dass vor allem die Bearbeitung des psychotischen Niveaus zu bleibender Ich-Erweiterung und Entwicklung führe. Er sah vor allem auch einen unüberwindbaren Gegensatz zwischen den Wünschen des Individuums und seiner »Gruppenhaftigkeit«, mit dem Problem, sich durch Anpassung in die Gruppe einzufügen und persönliche Entwicklungswünsche zu opfern. Tatsächlich zeigt eine Katamnese von Malan und Kollegen (1976), dass die Ergebnisse der so geführten Therapiegruppen an der Tavistock-Klinik sehr unbefriedigend waren – seine Kollegen in der Klinik übernahmen sein Modell in der Regel nicht. Heutzutage gibt es nur wenige Therapeuten, die nach der Bion-Methode arbeiten, erwähnt sei hier Billow (2003). Das Gruppenmodell von Argelander (1968) hat ebenfalls gewisse Gemeinsamkeiten mit dem Bion-Modell, indem es sich auf die Gruppe als Gesamt konzentriert. Bions Theorie ist allerdings im Bereich der Organisationsentwicklung als sogenanntes »Tavistock-Modell« etabliert, wobei die Organisation sich gewissermaßen mithilfe der sogenannten (Leiter-)Consultants selbst beforscht. Kritiker monieren, dass die von Bion beschriebenen Phänomene sicher existieren, oft aber mit dem Leiterverhalten zu tun haben und durch eine anderes Leiterverhalten vermieden oder zumindest verringert werden können. Spaltungen in Gruppen – wobei sich eine scheinbar regressiv strukturierte Untergruppe gegen die »reife« Arbeitsgruppe wendet –, sind im Alltag häufig, können aber –

weniger wertend und moralisierend – auch als zwei Tendenzen innerhalb einer Gruppe verstanden werden, die beide ihre Berechtigung haben. So erklären Gustafson und Cooper (2000 [1985]) mit ihrem Modell der *unconscious planning theory* die Grundannahme-Situation der Abhängigkeit durch zwei konkurrierende Gruppen, deren eine die Lösung der Probleme in abhängigen Beziehungen, die andere in der Unabhängigkeit sucht. Die Lösung wäre dann eine Vermittlung zwischen beiden Tendenzen und nicht die Unterdrückung der Abhängigkeitswünsche durch die Freiheitswünsche. Gleichzeitig können aber sicher Situationen beobachtet werden, bei denen in der Tat eine konstruktiv agierende Gruppe durch regressiv-destruktive Tendenzen in der Gruppe behindert wird. Gerade im politischen Bereich finden sich oft pathologische Führergestalten, die beispielsweise die Tendenzen zu Kampf oder Flucht zur Spaltung der Gesellschaft und Verfolgung von Sündenböcken nutzen, um dadurch ihre Macht zu sichern. Historisch betrachtet, kann man hier sicher an Hitler denken, in den letzten Jahren an die Spaltung der amerikanischen Gesellschaft in »gute Weiße« und »schlechte Nicht-Weiße« (Afroamerikaner, arabische Einwanderer und andere) durch den ehemaligen Präsidenten Donald Trump. Bion erwähnt diese Anfälligkeit des Einzelnen für kollektive, scheinbar mühelose magische Gruppenlösungen, die die Realität verfehlen und zu katastrophalen gesellschaftlichen Fehlentwicklungen führen (siehe hier auch Volkan, 2000; Hopper, 2018).

Weitere Kritiken beziehen sich auf die einengende Binarität des Bion'schen Modells, das gewissermaßen nur die reife Arbeitsgruppe oder die regressiv-unreife Grundannahme-Gruppe kennt. Therapeuten aus der Foulkes'schen Tradition – beispielsweise Dennis G. Brown (1985) – weisen auf die Vielgestaltigkeit von Gruppenprozessen hin und betonen die Möglichkeit, einige der von Bion beschriebenen Phänomene schlicht auch als deutbare Widerstandsphänomene im Rahmen des herkömmlichen

Neurose-Modells zu verstehen, ohne die Gruppe ständig mit Psychose-betonten Gruppendeutungen zu konfrontieren.

Hopper (2003) hat im Zusammenhang mit seinen Untersuchungen zu ethnischen und religiösen Konflikten eine vierte Grundannahme – *incohesion*, Aggression bzw. *massification* – in die gruppenanalytische Theorie eingeführt, auf die hier nicht eingegangen werden kann.

Sigmund H. Foulkes: Die Gruppe als intersubjektives Netzwerk

Sigmund H. Foulkes war ein deutsch-jüdischer Psychoanalytiker, der vor der Machtergreifung der Nazis die Ambulanz des Frankfurter Psychoanalytischen Instituts geleitet hatte. 1933 musste er nach England emigrieren, schloss sich der Freud-Fraktion des Britischen Instituts an und wurde dort schließlich auch Lehranalytiker. Während des Zweiten Weltkriegs begann er, mit Kleingruppen zu arbeiten, war auch längere Zeit in leitender Position an der Psychiatrischen Klinik Northfield tätig, wo kriegstraumatisierte Soldaten behandelt wurden. Er entwickelte ein Gruppenkonzept, das sich in vielen Punkten später in der Idee der therapeutischen Gemeinschaft und den Konzepten stationärer Psychotherapie wiederfindet (Harrison, 2000). Dabei ging es um die Behandlung des einzelnen Soldaten innerhalb des aktuellen Netzwerks der Klinik mit der Vorstellung, Eigenständigkeit, Beziehungsfähigkeit und Selbstvertrauen wiederherzustellen, indem die Patienten in kleinen Gruppen miteinander sprechen konnten. Foulkes hatte sich nach dem Zweiten Weltkrieg ganz überwiegend der Arbeit mit Gruppen zugewandt, mehrere Bücher (1983 [1948], 1984 [1957], 1974 [1964], 1990) geschrieben und das Group Analytic Institut in London gegründet. Aktuell arbeiten viele Gruppenanalytiker weltweit nach dem Foulkes'schen Konzept.

Nach Foulkes ist die Gruppe gewissermaßen älter als das Individuum, der Begriff des Individuums entwickelte sich erst mit der Renaissance. Menschen in Gruppen bilden quasi automatisch ein Netzwerk bewusster und unbewusster Kommunikation. Die einzelnen Teilnehmer der Gruppe versteht Foulkes als die Knotenpunkte des Netzwerks und knüpft dabei an die neurophysiologischen Vorstellungen seines Lehrers Goldstein an, der den Neuronen im Nervennetzwerk eine ähnliche Funktion zusprach. Der Einzelne ist gewissermaßen Schnittstelle und Ausgangspunkt neuer Kommunikation innerhalb der Gruppe. Foulkes nannte dieses Netzwerk – in Verbindung mit Lewins Nomenklatur – ursprünglich »Feld«, später prägte er dafür den Begriff der Gruppenmatrix: »Die Matrix ist das hypothetische Gewebe von Kommunikation und Beziehung in einer gegebenen Gruppe. Sie ist die Basis, die letzten Endes Sinn und Bedeutung aller Ereignisse bestimmt und auf die alle Kommunikationen, ob verbal oder nicht verbal, zurückgehen« (Foulkes, 1974 [1964], S. 33). Alle Ereignisse in der Matrix sind miteinander verbunden, beeinflussen sich wechselseitig. Da alle Menschen direkt oder indirekt-imaginär in Gruppenkontexten leben, kann es kein Individuum außerhalb eines Gruppenkontextes geben – der Mensch ist damit ein durch und durch soziales Wesen. Seine Entwicklung wird durch den Gruppenkontext (Familie, Gesellschaft und Kultur) geprägt, für seine Gesundheit und Krankheit ist der jeweilige Gruppenkontext, in dem er existiert, ausschlaggebend. Insofern ist die psychische Krankheit des Einzelnen immer auch ein Hinweis auf Probleme innerhalb seines sozialen Netzwerks; Familientherapeuten sprechen in der Nachfolge von Foulkes von der Delegation bestimmter Problematiken innerhalb der Familie auf Indexpatienten (z. B. werden Kinder zu Symptomträgern elterlicher Eheprobleme).

Die therapeutische Kleingruppe bildet die Probleme der Netzwerke der Gruppenmitglieder ab, sie zieht sich gewissermaßen zunächst die Krankheit der Einzelnen zu, wobei hier immer in Bereichen der Überlappung von Pathologie gedacht wird: Jede Gruppe hat ihre eigenen Schwerpunkte und Themen, die sich als

Ausdruck aber auch Kompromiss der Problematiken der Mitglieder erweisen. Bestimmte Problematiken werden wenig oder nicht beachtet, was zum Ausscheiden von Mitgliedern führen kann. Die Gruppe (und der Gruppenleiter) steckt bzw. stecken gewissermaßen unbewusst den Bereich ab, innerhalb dessen sie bzw. er arbeiten kann oder können. Ändert sich die Zusammensetzung der Gruppe, kommt es in der Regel auch zu einer Veränderung der Matrix. Die Matrix ist sozusagen der gemeinsame Bereich, der auch als Gedächtnis der Gruppe dient. Indem die künstliche Einheit der Therapiegruppe hergestellt wird, entwickelt sich – ähnlich wie bei Freud in der Einzelanalyse – ein »Zwischenreich«, ein »Spielfeld«, in bzw. auf dem die Konflikte und Probleme der Gruppenmitglieder konstelliert, durchgearbeitet und verändert werden. Die Gruppe zeigt charakteristische Feldphänomene, die man in den Feldern der Einzelanalyse so in der Regel nicht vorfindet. Es gibt gemeinsame Widerstände der Gruppe, gemeinsame unbewusste Phantasien und kollektive Übertragungsphänomene. Folgende Übertragungsebenen können unterschieden werden:

1. *Übertragungen der Mitglieder untereinander:* Sie entsprechen oft den Verhältnissen zwischen Geschwistern, zeigen also Rivalität aber auch Kooperation und Verständnis.
2. *Übertragungen gegenüber dem Gruppenleiter:* Hier kommen oft Verhältnisse gegenüber Elternfiguren und sonstigen Autoritätspersonen zum Tragen.
3. *Übertragung des Einzelnen gegenüber der Gesamtgruppe:* Diese wird oft als archaisch allmächtige Mutter- oder gelegentlich auch Vater-Figur erlebt. Bei Großgruppen findet man außerdem eine Art Spiegelbild gesellschaftlicher Strukturen, insbesondere auch von dort herrschenden Machtverhältnissen.

Entsprechend dieser Ebenen finden sich für die Gruppenmitglieder je nach Problematik unterschiedliche Anknüpfungspunkte. Der Gruppenleiter ist Teil der Gruppe, kann und sollte sich ihrer

Dynamik nicht verweigern. Er hat eine mehrteilige Funktion: als Übertragungsobjekt, als Organisator und Deuter der Gruppe und auch als »reales Objekt«, das sich mit seinen eigenen Ideen und Gefühlen unter Umständen auch zeigen sollte. Gegenüber der Einzelanalyse betont Foulkes das Primat der Kommunikation gegenüber der Interpretation. Der Gruppenleiter wird vor allem den Austausch zwischen den Gruppenmitgliedern fördern; Deutungen können auch durch die Gruppenmitglieder erfolgen, sind dann manchmal überzeugender und wirksamer als die Deutungen des Leiters. Innerhalb der Matrix nimmt Foulkes eine Unterteilung vor: Er trennt eine

- *primordiale Matrix*, die sich aus der Zugehörigkeit aller zum Menschsein und zur jeweiligen Kultur ergibt, von einer
- *persönlichen Matrix*, die von den lebensgeschichtlich bedingten und aktuellen Konflikten der einzelnen Mitglieder bestimmt ist.
- Schließlich ist mit der *dynamischen Matrix* die aktuell bestehende Gruppenkonstellation gemeint.

Die Matrix wird also ursprünglich durch die Übertragungen der Mitglieder bestimmt, entwickelt sich dann aber durch den therapeutischen Prozess weiter in Richtung auf einen immer freieren, offeneren Austausch der Mitglieder. Je freier die Gruppe kommuniziert, umso freier wird auch der Einzelne im Umgang mit sich und anderen Menschen. Das vorübergehend durch die Krankheiten kollektiv veränderte Feld der Gruppe entwickelt sich hin zu einem immer weiter expandierenden Universum der freien Kommunikation, die mit psychischer Gesundheit gleichzusetzen ist. Im Gegensatz zur klassischen Auffassung werden die Übertragungen also nicht »abgetragen«, sondern auf der Selbst- und Objektebene transformiert und gewinnen dadurch eine andere Qualität. Diese Sicht der Übertragungsanalyse entspricht auch den modernen intersubjektiven Vorstellungen der Psychoanalyse.

In einem späten Text (Foulkes, 1990 [1971], S. 223f., Übersetzung P. P.) hat Foulkes den Matrix-Begriff nochmals wesentlich ausgeweitet: Hier ist nicht nur die Gruppe der Ort der menschlichen Kommunikation; er postuliert vielmehr eine Art gruppenbezogene Abhängigkeit des Denkens, »dass das Denken ›zwischen Gehirnen und Individuen‹ stattfinde[t], nicht im von den Schädelknochen umschlossenen Bezirk des individuellen Geistes«. Diese Idee stellt einen Bruch mit zentralen Vorstellungen der westlichen Philosophie dar, wonach es (auch anatomisch abgegrenzte) Persönlichkeiten gibt, die scheinbar autonom agieren. Nach dieser Vorstellung erweist sich das Psychische somit als ein intersubjektives Prozessgeschehen, das sich aus der durchgängigen Interdependenz der Subjekte ergibt.

Gegenüber den psychoanalytischen Feld-Begriffen ist der Foulkes'sche Matrix-Begriff umfassender, vielleicht auch dynamischer, zugleich aber auch unschärfer. Man könnte sich in einem erweiterten Feldmodell diese Matrix als übergeordneten Rahmen denken, in dem die psychoanalytische Einzelsituation als Spezialfall erscheint.

Die Entwicklung der psychoanalytischen Feldtheorien

Madeleine und Willy Baranger: »Die analytische Situation als dynamisches Feld«

Madeleine Baranger (1920–2017) stammte aus Frankreich, Willy Baranger (1922–1994) aus Algerien. Sie waren 1946 nach Buenos Aires ausgewandert und absolvierten dort ihre Psa-Ausbildung. Vor allem Enrique Pichon-Rivière beeinflusste sie als Lehranalytiker, Supervisor, Mentor und Freund – dazu kamen weitere enge Kontakte mit der damaligen sehr kreativen argentinischen Gruppe (Bleger, Racker und Liebermann). Von 1956 bis 1965 gingen sie nach Uruguay und gründeten dort eine psychoanalytische Gruppe, um danach wieder nach Argentinien zurückzukehren. Ihre bahnbrechende Arbeit »Die analytische Situation als dynamisches Feld« erschien 1961/1962 zunächst in der *Revista Uruguaya Psicoanálisis* und war damit lange nur Spanisch sprechenden Analytikern zugänglich. Als sie mit geringen Modifikationen 2008 im *International Journal of Psychoanalysis* erschien, wurde sehr rasch deutlich, dass es sich um eine der wichtigsten Arbeiten der letzten Jahrzehnte handelte.

Das Ehepaar Baranger übernahm den Feld-Begriff von Kurt Lewin und führte ihn in die psychoanalytische Theoriebildung ein: Nach den Barangers stellt die analytische Situation eine Situation der engen gegenseitigen Beeinflussung von Analytiker und Analysand dar, wobei sich eine emergente neue Gestalt herausbildet, zu der zwar beide Beteiligte des analytischen Prozesses mit ihrer Person und ihren bewussten und unbewussten Phantasien beitragen, die aber neue Eigenschaften aufweist, die von Analytiker und Analysand ko-kreiert werden. Sie bilden ein Paar, das in seiner Gesamtheit zu betrachten ist. Keiner der beiden Beteiligten kann ohne den anderen in dieser Situation verstanden werden. Seelische Instanzen und Phantasien können teilweise und vorübergehend verschmelzen, sodass beispielsweise Anteile gemeinsamer Konflikte von jeweils einer der beiden Personen empfunden und verkörpert werden, während sich die komplementären Anteile bei der anderen Person finden. Dies ergibt sich aus den unter der Regression einsetzenden Spaltungen und projektiven Identifizierungen des Analysanden, auf die der Analytiker seinerseits mit Spaltung, projektiver und introjektiver Identifizierung reagiert. Punktuell stellt sich vorübergehend immer wieder eine gemeinsame Regression ein, die zu einem Verschwimmen der Grenzen zwischen den beiden führt.

Konstitutive Komponenten des Feldes

Das Feld hat verschiedene konstitutive Komponenten, die es strukturieren und umgekehrt durch Vorgänge im Feld immer wieder neu strukturiert werden. Zum einen hat das Feld eine räumliche Dimension, die sich in den Eigenschaften des Behandlungsraums, aber auch der Position der beiden Beteiligten (Abstand zueinander, liegend oder sitzend usw.) zeigt. Wenn sich beispielsweise der bis dahin liegende Analysand aufsetzt, ändert sich die Gesamtkonfiguration des Feldes. Auf der räumlichen Ebene kommt es zu einer Überlagerung und damit zu einer Mehrdeutigkeit des Körpers. So kann die aktive Abspaltung des Körpers durch eine völlige Lähmung in der Analyse zum Ausdruck kommen und jegliches Körperbewusstsein und jede Erwähnung des Körpers vermieden werden. Jeder Analysand entwickelt so seine spezifische Körpersprache, der eine entsprechende Körpersprache beim Analytiker (körperliche projektive Gegenidentifizierung), beispielsweise in Form von Müdigkeit oder Überwachheit, entsprechen kann. Beide sind in der Dynamik des Feldes auch auf dieser Ebene innig verbunden. Gelingt es dem Analytiker, diese projektive Identifizierung zu deuten und damit gewissermaßen dem Analysanden zurückzugeben, verliert er selbst auch gegenübertragungsbedingte »Körpersymptomatik«. Das Feld hat außerdem eine zeitliche Struktur – sich beziehend auf Länge, Häufigkeit und Dauer der Sitzungen –, deren Bedeutung für das analytische Paar variiert und sich im Verlauf des Prozesses verändern kann. Ein weiteres Strukturelement ist der Behandlungskontrakt mit dem Ziel einer möglichst freien Entfaltung der Assoziationen.

Innerhalb des Feldes gibt es eine zugrundeliegende bipersonale Struktur, auf die sich verschiedene, sich wandelnde tri- und multipersonale Strukturen auflagern, wenn die Welt der inneren Objekte lebendig und inszeniert wird. So öffnen sich gleichzeitig mehrere Felder, die unterschiedlich besetzt werden können.

Ein wesentliches Charakteristikum des Feldes ist seine Vieldeutigkeit: Jedes Ereignis im Feld hat mehrfache Bedeutungen mit mehrfachen Ausdeutungsmöglichkeiten. Gerade das Als-ob der analytischen Situation ermöglicht diese Polysemie, die aber unter dem Druck von Verfolgungsängsten innerhalb der Übertragung einem eindimensionalen Konkretismus weichen kann. Dann geht die Mehrdeutigkeit vorübergehend verloren und muss durch die Deutung der Konstellation wiederhergestellt werden. Die Analyse bewegt sich somit zwischen einer entfalteten Mehrdeutigkeit und einer aus Angst vor übermäßiger Regression reduzierten bzw. aufgegebenen Mehrdeutigkeit.

Die zeitliche Form der Mehrdeutigkeit erlaubt ein simultanes Erleben von Vergangenheit, Gegenwart und Zukunft in der analytischen Situation. Damit können beispielsweise traumatische Erlebnisse der Vergangenheit wiederbesetzt und in der aktuellen Situation mit neuen Bedeutungen versehen werden. Es handelt sich gewissermaßen um eine therapeutisch wirksam werdende Form der Nachträglichkeit, bei der das, was vorher eine zeitlose unbegrenzte pathogene Wirkung entfalten konnte, historisiert und dadurch integriert werden kann. An dieser Stelle integrieren die Barangers die Idee eines Spiralprozesses der Analyse, die ihr Mentor Pichon-Rivière zur Beschreibung der besonderen Temporalität der analytischen Situation entwickelt hatte (Pichon-Rivière, 1958). Danach entfaltet sich der analytische Prozess im Sinne einer Spirale mit wiederkehrenden Themen, neuen Aspekten alter Themen und in einer ständigen Dialektik von Gegenwart, Vergangenheit und Zukunft.

Dynamisch-strukturelle Aspekte des Feldes

Auf der bewusst-manifesten Ebene besteht zwischen Analytiker und Analysand der Grundvertrag (freie Assoziation des Analysanden, Verlässlichkeit und Nicht-Eingreifen des Analytikers in das Leben des Analysanden, Regelung der Bezahlungsmodalitäten usw.), der allerdings unbewusst vom Analysanden in der Regel ganz anders als der manifeste Kontrakt gedeutet wird (beispielsweise erlebt der Analysand ein Heilsversprechen, die Zusicherung von völligem Schutz und anstrengungsloser Befriedigung). Die Barangers sprechen vom Auftreten des sogenannten Dringlichkeitspunktes,[9] an dem Vertrag, latente Bedeutungen und manifester Inhalt zusammenfallen und damit als eine aktuelle wichtige Konstellation deutbar werden. Das Feld wird im Wesentlichen durch eine unbewusste Phantasie strukturiert, die aber – anders als in der traditionellen psychoanalytischen

9 Hier besteht natürlich eine Korrespondenz zu der Idee Stracheys (1934), der den *point of urgency* allerdings im Sinne der Ein-Personen-Psychologie als den Moment fasste, in dem der dominierende Triebimpuls bewusstseinsnah und auf den Analytiker gerichtet ist.

Theoriebildung – nicht als alleinige Phantasie des Analysanden verstanden wird, sondern eine unbewusste Theorie über das analytische Paar darstellt, an deren Herstellung beide teilhaben. In der analytischen Situation findet diese Strukturierung jeweils passager statt, kann dann aufgelöst werden, um einer neuen Strukturierung zu weichen. Wenn sich eine Struktur permanent herauskristallisiert, liegt eine pathologische Situation in der Analyse vor. Beide haben also am Geschehen teil, der Analytiker muss sich ein stückweit einbringen, dann aber auch wieder Abstand gewinnen, um deuten zu können.[10] Diese Strukturierung umfasst die gesamte sich entfaltende Felddynamik zwischen Analytiker und Analysand. Sie ist eine komplexe Konfiguration mit der entsprechenden Verteilung von Objekten in bestimmten Funktionen, ihren Kraftlinien und ihrer globalen Struktur. Man kann eine unmittelbar manifeste Gestalt von einer zugrundeliegenden unbewussten Gestalt unterscheiden. In der gelungenen Deutung werden beide verbunden und führen zu neuen Konstellationen. Sie ist etwas, das zwischen den beiden entsteht, innerhalb der Einheit, die sie im Moment der Szene bilden, d. h. etwas von Grund auf Verschiedenes von dem, was jeder von ihnen im getrennten Zustand ist. So mag der Analysand mit einer bestimmten affektiven Verfassung in die Stunde kommen, die aber weniger durch seine Vergangenheit und mehr durch die vorausgegangene und in der Stunde sich aktuell entwickelnde Feldstrukturierung modelliert wird.

Insgesamt findet sich also eine dreischichtige Struktur des Feldes:

1. der *Grundvertrag*,
2. die *sichtbaren Konfigurationen des manifesten Materials* und
3. die *bipersonalen unbewussten Phantasien*, die hauptsächliches Objekt der Deutung sein sollten.

---

10 Man fühlt sich hier an die Begriffe »teilnehmende Beobachtung« (Sullivan, Racker) oder *role responsiveness* (Sandler) erinnert.

Prozesse im Feld und Analyseverlauf

Die Barangers verknüpfen ihre Feldkonzeption mit spezifischen Vorstellungen über den analytischen Prozess, die zum Teil im Widerspruch zu herkömmlichen Prozessmodellen stehen. Dabei verwenden sie zum Verständnis der manifesten Phänomene die Feldmodelle von Kurt Lewin und Merleau-Ponty (Merleau-Ponty, 2001 [1945]; Toadvine & Lawlor, 2007),[11] während sie die zugrundeliegende unbewusste Dynamik als Zusammenspiel archaischer Objektbeziehungen und entsprechender Ängste und Abwehrmechanismen verstehen. In der berühmten Arbeit von 1961/1962 stützten sie sich dabei ganz wesentlich auf die kleinianische Psychoanalyse und sahen einen ständigen Austausch von projektiven und introjektiven Identifizierungen und projektiven Gegenidentifizierungen. In späteren Arbeiten hat sich vor allem Willy Baranger hier nuancierter ausgedrückt und die durchgehende Verwendung des Begriffs der projektiven Identifizierung kritisiert.

Bereits im Erstgespräch, ja schon im Vorfeld des Erstkontakts, baut sich das Feld gewissermaßen automatisch durch die sofort wirksam werdenden Phantasien beider Beteiligter auf. Die Barangers kommen hier auf eine der schon bei Freud vorhandenen intersubjektiven Feldvorstellungen zurück, nämlich den Vergleich mit einer Schachpartie, deren erste Züge planbar, der weitere Verlauf aber nicht vorhersehbar ist (Freud, 1913c). Wie beim Schachspiel beziehen sich die Bewegungen von Analysand und Analytiker aufeinander, sie evozieren sich gewissermaßen gegenseitig.

Die Barangers wenden sich gegen eine Schematisierung des Be-

11 In ihren späteren Arbeiten haben sich die Barangers zunehmend eher auf den Philosophen Merleau-Ponty bezogen. Seine Theorie die man als »Verkörperlichung des Feldes« bezeichnen könnte, kann hier nicht detailliert dargestellt werden. Sehr verkürzt könnte man sagen, dass Merleau-Ponty von einer Feldbindung zunächst auf körperlich-sensorischer Ebene ausgeht, die sich immer spontan einstellt und zunächst unbewusst bleibt.

handlungsverlaufs nach dem Modell eines schichtweisen Vordringens hin zu tieferem Material, wie dies beispielsweise Wilhelm Reich (1985 [1933]) postuliert hat. Sie wenden sich auch gegen Freuds Vorstellung, *per via di levare* zu handeln, d. h., die den Abwehrmechanismen des Ichs entsprechenden Widerstände des Patienten allmählich anzugreifen und aufzulösen. Die Vorstellung, die Analyse könnte die Entstehungsgeschichte der Neurose *retrograd* (d. h. ausgehend von der Gegenwart hin zur frühen Kindheit) rekapitulieren, wird zurückgewiesen. Stattdessen richten sie das Augenmerk auf die Gesamtkonstellation des Feldes (die nicht nur den Analysanden umfasst!) und dessen Beweglichkeit bzw. Unbeweglichkeit (das Herauskristallisieren). Solange sich das Feld in einer Bewegung mit wechselnden, auftauchenden und wieder verschwindenden Konstellationen, die die pathogene Dynamik des Patienten zum Ausdruck bringen, bewegt, ist der analytische Prozess in Gang.

Eine besondere Form des Widerstands im und durch das Feld bezeichnen die Autoren als »Bastion«. Diese äußert sich indirekt durch eine Verlangsamung oder Lähmung des Prozesses, die nicht mit den üblichen Widerständen des Analysanden oder Gegenübertragungsschwierigkeiten des Analytikers erklärt werden können. Hier offenbart sich der Vorteil der Feldkonzeption: Es gehe nicht einfach darum, die Gegenübertragungserfahrung des Analytikers einzuräumen, sondern anzuerkennen, dass sowohl die Übertragungs-Manifestationen des Analysanden als auch die Gegenübertragung des Analytikers aus ein und derselben Quelle entspringen, nämlich einer basalen unbewussten Phantasie, die – als Schöpfung des Feldes – im Unbewussten beider Beteiligter verankert ist. Der Unterschied zwischen diesen Prozessen und den eher klassischen Widerständen liegt in ihrer Intensität und Dauer, sie tragen zu dem bei, was in der Literatur als »negative therapeutische Reaktion« (Freud, 1923b) oder »Sackgasse« (Rosenfeld, 2005 [1987]) bezeichnet wird. In der Arbeit der Barangers von 1961/1962 wurde mit »Bastion« ein abgespaltener Bereich bezeichnet, zu dem der Patient keinen Zugang geben möchte – für gewöhnlich sei dies ein unbewusster Zufluchtsort von Allmachtsphantasien. Sie sei all das, was der Patient nicht aufs Spiel setzen will, denn das Risiko, sie zu verlieren, würde ihn in einen Zustand extremer Hilflosigkeit, Verwundbarkeit und Hoffnungslosigkeit versetzen. Inhaltlich geht es dabei um perverse Phantasien, intellektuelle oder moralische Überlegenheit, den Beruf, die Beziehung zu einem idealisierten Liebesobjekt usw.[12] Die Immobilisierung des Feldes dient also dem Schutz vor massiven emotionalen Reaktionen, vor allem vor Angst. Können diese abgespaltenen Bereiche integriert werden, mobilisiert sich das Feld, Wachstum kann stattfinden. In späteren Arbeiten betonen die Barangers mehr auch die wichtige Beteiligung des Analytikers an der Bildung von Bastionen:[13] Sie entstehe unbewusst »aus der Komplizität der beiden Beteiligten« (M. Baranger & W. Baranger, 2009 [1964], S. 9), um eine Bindung zu schützen, die nicht aufgedeckt werden soll. Dies führe zu einer »Neo-Formation« (M. Baranger, W. Baranger & Mom, 2009 [1983], S. 66), die um eine geteilte Phantasie-Zusammenstellung errichtet ist, die wichtige Bereiche der persönlichen Geschichte beider Beteiligter impliziere und jedem der beiden eine stereotypisierte imaginäre Rolle zuweise. Bis zu einem gewissen Punkt muss sich der Analytiker aber auf die immer entstehende Mikroneurose der Gegenübertragung (siehe dazu auch Racker, 1978 [1959]) einlassen, um mit seinem Patienten in Kontakt zu bleiben und diesem die Möglichkeit zu bieten, seine Problematik im Feld in Szene zu setzen. Besonders schwere Formen der Bastion manifestieren sich als Sackgassen und als negative therapeutische Reaktion. Neben dem Still-

12 Ähnliche Konzepte finden sich später bei Steiner als *retreat* (1993) und O'Shaugnessy als *enclave* (1992).

13 Madeleine Baranger (2009 [1993]) erwähnt in ihrer Arbeit, dass beide auch zunehmend von den Überlegungen zur Bildung kollektiver unbewusster Prozesse bei Gruppen, wie sie Bion (1991 [1961]) entwickelt hat, beeinflusst wurden.

stand in der Analyse zeigen sie sich besonders als »Parasitierung des Analytikers durch den Analysanden« (W. Baranger, 2009 [1979], S. 57), d.h., Probleme der Analyse dieses Analysanden verfolgen den Analytiker auch massiv in die Zeit außerhalb der Sitzungen. Oft manifestiert sich eine psychotische Pathologie des Patienten durch diese Vorgänge. Das kann zu massivem Agieren und eventuell zum Abbruch der Analyse führen. Umgekehrt stellt sich als Zeichen der Mobilisierung des Feldes beim Analysanden ein Gefühl vermehrter Freiheit, Freude, auch Überraschung ein. Die Deutung der Paarphantasie und der damit verbundenen projektiven Identifizierungen gibt dem Analysanden die abgespaltenen Bereiche zurück und stärkt sein Ich. Neben der schon von Strachey (1934) beschriebenen Rolle als Hilfs-Über-Ich, das in Abgrenzung zum grausam-strengen Über-Ich des Patienten introjiziert wird, hat der Analytiker somit auch eine Rolle als Hilfs-Ich des Analysanden, indem er vorübergehend abgewehrte innere Strukturen des Analysanden aufnimmt, bewahrt und metabolisiert.[14]

Die Barangers werden gemeinhin als Vertreter der südamerikanischen kleinianischen Theoriebildung bezeichnet, was ihnen aber nicht ganz gerecht wird, auch wenn kleinianische Konzepte in der ersten Arbeit zur Feldtheorie von 1961/1962 zunächst eine große Rolle spielen. In einer späteren Arbeit betont Willy Baranger (2009 [1979]), man könne das Feld nicht allein durch Übertragung und Gegenübertragung definieren. Dem liege eine Überdehnung des Begriffs der Übertragung zugrunde, denn nicht alles, was der Patient fühle und denke, habe immer mit seinem Analytiker zu tun. Er plädiert daher dafür, den Übertragungsbegriff enger zu fassen und ihn eher im Sinne Freuds als Wiederholung einer Vergangenheitssituation in der analytischen Situation zu verstehen. Andernfalls komme man zu einem forcierten

14 Hier zeigen sich Bezüge zu den Arbeiten Bions, mit denen sich die Barangers intensiv auseinandergesetzt haben.

technischen Gebrauch des Konzepts; dadurch werde »das Register der analytischen Kommunikation« eingeschränkt. Eine ganz auf »hier, jetzt, mit mir« (ebd., S. 58) ausgerichtete Technik mit ständiger Übertragungsdeutung vernichte die essenzielle historische Dimension des analytischen Prozesses. Man müsse zwischen Deutungen *in der* Übertragung und Deutungen *der* Übertragung unterscheiden. Erstere beziehe sich mehr auf den Patienten, letztere fokussiere den Aspekt der Übertragung, der sich speziell auf den Analytiker bezieht. War in der Originalarbeit von 1961/1962 viel von einem ständigen Austausch von projektiver Identifizierung, introjektiver Identifizierung und projektiver Gegenidentifizierung die Rede, heißt es später, sie beschrieben nur Teilaspekte der Situation im Feld und reichten nicht aus, die Pathologie des Feldes zu definieren.

Insgesamt kommen die Barangers zu folgender Einteilung: Die Übertragung des Analysanden

1. besteht in einer Reaktion auf den Behandlungsvertrag;
2. reagiert auf unterschiedliche Strukturierungen des Feldes;
3. ist Ausdruck der Wiederholung wichtiger Lebensereignisse und der Projektion der primären Objekte auf den Analytiker. Vor allem dieser Teil der Übertragung sollte gedeutet werden;
4. ist Übertragung via projektiver Identifizierung. Hier werden Anteile des Analysanden, die dieser nicht integrieren kann, projiziert und zur Errichtung von Bastionen verwendet.

Die Gegenübertragung ist aufgrund der Asymmetrie der analytischen Situation von der Übertragung deutlich unterschieden, in der Regel weniger intensiv und dem Analytiker in ihren unbewussten Anteilen normalerweise durch Reflexion zugänglich. Sie umfasst in analoger Weise seine Reaktionen auf den Behandlungsvertrag und Strukturierungen innerhalb des Feldes. Besonders wichtig ist der Teil der Gegenübertragung, der auf die Übertragung der Lebensgeschichte und der wichtigen Objekte des

Analysanden auf den Analytiker reagiert. Die Selbstanalyse des Analytikers ermöglicht einen großen Teil seiner Deutungsaktivität. Schließlich umfasst die Gegenübertragung die Reaktion des Analytikers auf die projektiven Identifizierungen des Patienten; sie kann selbst umgekehrt projektive Identifizierungen in den Patienten hervorrufen. Besonders als Bestandteil von gemeinsam geschaffenen Bastionen ist sie dem Analytiker vor allem durch den »zweiten Blick« auf das Gesamtfeld zugänglich – eventuell aber auch genau dort sein blinder Fleck.

Der Fortschritt der Analyse manifestiert sich durch eine größere Beweglichkeit im Feld: Dies betrifft die Aufhebung der infantilen Amnesie, eine größere Fähigkeit zur freien Assoziation, frei verbundene und wandelbare Affekte, unterschiedliche Narrative, die Eröffnung einer neuen, nicht-repetitiven Zeitlichkeit mit der Entwicklung von Zukunftsplänen und die Historisierung von Traumata.

Ein Nicht-Prozess liegt dann vor, wenn die Vorgänge im Feld stereotypen Charakter zeigen: Narrative, Affekt und Einfälle werden rigide, es besteht eine Neigung zu Externalisierungen, bei scheinbar gut laufender Analyse entsteht Panik bei dem Gedanken an das Ende der Analyse. In Analogie zu Freuds militärischer Metapher ist der Prozess so lange aktiv, wie »Bastionen entdeckt und zerstört werden« (M. Baranger, W. Baranger & Mom, 2009 [1983], S. 87).

Zusammenfassend formuliert, hat das Ehepaar Baranger eine Feldkonzeption entwickelt, die sich aus phänomenologischen Komponenten (Lewin, Merleau-Ponty) und Begriffen der frühen Objektbeziehungen (M. Klein, Balint und andere) herleitet. Sie beschreiben zeitlich und räumliche Strukturkomponenten, die neben dem Behandlungsvertrag und den verschiedenen Formen der Übertragung- und Gegenübertragung Struktur und Prozess des Feldes bestimmen. Neben der Feldkonzeption ist der revolutionäre Gedanke die Idee einer unbewussten Paarphantasie, die von Analytiker und Analysand gemeinsam geschaffen wird und auf deren Weg der Analysand seine Problematik ausdrücken kann. Katz (2013, 2017) und Katz, Cassorla & Civitarese (2017) nannten in ihrer Einteilung der psychoanalytischen Feldtheorien das Baranger-Modell »mythopoetisch«, weil es bei der Paarphantasie immer um die Aufdeckung der gemeinsamen Geschichte des analytischen Paares geht, in der die Problematik des Analysanden als Feldkonstellation aktualisiert wird. So kann man jeden Einfall des Analysanden mit dem Präfix »Es war einmal« versehen, weil die Assoziationen zur Paargeschichte und damit zu den (Lebens-)Geschichten des Analysanden, die in die Paarphantasie eingewoben sind, leiten. Die Deutung dieser Paarphantasie nach Bearbeitung der üblichen intrapsychischen Widerstände beider Beteiligter und der schwierigeren Bearbeitung der gemeinsam unbewusst geschaffenen Widerstände in Form der Bastionen ist der Motor der Therapie. Im Übrigen halten die Barangers an Freuds Strukturmodell und seiner Triebtheorie teilweise fest; ihre Theorie der verinnerlichten Objektbeziehungen ist aber stark vom Modell unbewusster Gruppenprozesse Bions beeinflusst. So erscheinen ihnen auch mehr die emotionalen Bindungen als die Triebe an sich entscheidend für das intersubjektive Geschehen.

Die Postbionianische Feldtheorie (BFT)

Vor allem Ferro (2006 [1999], 2009 [2006]), Ferro und Civitarese (2015) und andere italienische Autoren sowie Ogden (1994, 2005, 2006) haben seit den 1990er Jahren eine Feldtheorie entwickelt, die sich auf die Überlegungen Bions zur Erfahrungsverarbeitung und Symbolbildung stützt.[15] Ähnlich wie die Barangers, sehen sie die psychoanalytische Situation auch als einen Raum des Traums, innerhalb dessen Phantasien über das analytische

15 In diesem Abschnitt wird im Wesentlichen auf Ferro und Civitarese als den Hauptvertretern der BFT Bezug genommen.

Paar gebildet und weiterentwickelt werden. Sie stützen sich aber nicht auf die traditionelle Metapsychologie, sondern gehen zentral von Bions Idee einer Erfahrungsverarbeitung nach dem Container-Contained-Modell aus: Die Psyche verarbeitet aus dem Körperinneren und aus der Umwelt stammende rohe Sinnesdaten (Beta-Elemente genannt) durch das Einwirken der sogenannten »Alpha-Funktion« zu Alpha-Elementen, die eine Verarbeitungskaskade in Gang setzen können. Die Alpha-Elemente präsentieren sich zunächst als Piktogramme[16], die in der Regel nur indirekt erschlossen werden können oder sich in seltenen Momenten als visuelle Flashs offenbaren. Im nächsten Schritt werden aus den Alpha-Elementen narrative Derivate durch Verbindung der Piktogramme mit Wortvorstellungen. So entstehen verbalisierbare Bausteine der Erfahrung, die die Bildung von Gedächtnis, die Errichtung einer Kontaktschranke zwischen Unbewusstem und Bewusstem und höhergradige Denkvorgänge, für die die Alpha-Elemente verbunden werden müssen, ermöglichen. Beim Kind wird eine rudimentäre Alpha-Funktion vorausgesetzt, die sich in der normalen Entwicklung im Zusammenspiel mit der Mutter weiterentwickelt: Das Kind projiziert unerträgliche Formen von Erfahrung (Beta-Elemente) in die Mutter, die mithilfe ihrer Alpha-Funktion diese in Alpha-Elemente umwandelt und sie damit dem Kind in einer bekömmlicheren Struktur zur Verfügung stellt. Bion legt hier gewissermaßen ein Modell der Verdauung zugrunde. Damit kann das Kind reifere Gedanken entwickeln, introjiziert gleichzeitig in kleinen Schritten die Alpha-Funktion der Mutter. Ähnliches geschieht in der analytischen Situation.

Die Autoren gehen mit Bion davon aus, dass Alpha-Elemente einen im Wachen und Schlafen durchgehenden Verknüpfungsvorgang sicherstellen, den sie »wache Traumgedanken« nennen.

16 Mit Piktogrammen sind erste bildliche Vorstellungsrepräsentanzen gemeint, wie sie üblicherweise im Schlaf, beim Einschlafen und auch zum Teil in Tagträumen erscheinen.

Das Weiterspinnen der Alpha-Elemente ermöglicht damit eine komplexe seelische Verarbeitung, die vor allem in der Form des »Weiterträumens« erfolgt. Pathologie lässt sich damit als partielle oder völlige Unfähigkeit des »Weiterträumens« verstehen (siehe auch Cassorla, 2013). In der Therapie geht es unter anderem darum, die nicht zu Ende geführten Träume des Patienten zum Abschluss zu bringen. Hier wird ein Kontinuum zwischen sehr unfertigen Beta-Elementen und sehr ausgereiften Alpha-Elementen postuliert. Daneben gibt es sogenannte »Balpha-Elemente«, die Mischformen darstellen. Die Erlebnisverarbeitung kann sich auf verschiedenen Ebenen zeigen: am schwersten bei einem partiellen oder völligen Fehlen der Alpha-Funktion, dann bei unzureichender Alpha-Element-Bildung und schließlich im Bereich der Verknüpfung von Alpha-Elementen zu weiter verwertbaren (Traum-)Gedanken. Der Übergang vom Piktogramm zu reiferen Formen der Alpha-Elemente erfolgt überwiegend als narratives Derivat: Damit sind im Prinzip alle Äußerungen des Patienten, die einen Rückschluss auf die zugrundeliegenden Alpha-Elemente zulassen, gemeint. Meistens geht es dabei um Einfälle, Fehlleistungen, Träume, Tagträume und verschiedene Formen der Darstellung durch Handlung. Ist die Transformation von Beta-Elementen zu Alpha-Elementen nicht möglich, entlastet sich die Psyche durch Ausscheidung der Beta-Elemente in Form der Bildung von Halluzinationen und Wahn sowie psychosomatischen Symptomen.

Ferro und Civitarese haben die Bion'sche Konzeption durch Elemente der narratologischen Theorie (Eco, 1998 [1981], 1991) ergänzt.[17] So kann das verbalisierte Material der Stunde immer

17 Als Narratologie (Erzähltheorie) wird ein interdisziplinäres Arbeitsgebiet der Geistes-, Kultur- und Sozialwissenschaften bezeichnet, das sich ganz allgemein mit der Struktur von Erzählungen befasst. Das Spektrum reicht dabei von rein literarischen Texten bis hin zu Interviews und Zeitungsartikeln. In der Psychoanalyse haben Erzählungen als konstitutive Narrative des Selbst- und Identitätserlebens eine überragende Bedeutung.

auch als »Story« verstanden werden, die dem Erleben indirekt Ausdruck verleiht. Vor allem Ferro (2006 [1999]) hat eine Technik entwickelt, die eine Weiterentwicklung dieser Geschichten beim Patienten und – als gemeinsame Geschichte des analytischen Paars – auch beim Analytiker ermöglicht.[18] Die Figuren dieser Geschichten können – ähnlich wie in Träumen – wichtige Beziehungspersonen repräsentieren, sie verkörpern aber auch Antriebe, Wünsche und Ängste. Indem diese Figuren ihre Geschichte im Laufe der Analyse verändern, bildet sich ein neues, anders geartetes persönliches Narrativ heraus, das auf eine Modifikation der Selbst- und Objektvorstellungen verweist. Ferro ist hier sicherlich auch durch seine große Erfahrung als Kinderanalytiker geprägt, zumal die Entwicklung von Geschichten in der Arbeit mit Kindern einen wesentlichen Platz einnimmt.

Die Postbionianische Feldtheorie legt nun ein Modell zugrunde, bei dem alle diese Elemente vorhanden sind, zwischen Analytiker und Analysand ausgetauscht und damit weiterentwickelt werden. Beta-Elemente werden vor allem per projektiver Identifikation kommuniziert, die im Rückgriff auf Bion als die primäre Kommunikationsform schlechthin verstanden wird. In der Regel fungiert der Analytiker überwiegend als aufnehmend-verdauender Container, der das für den Analysanden Unerträgliche (das Contained) aufnimmt, prozessiert und dann dem Analysanden in »verdaulicherer« Form zur Verfügung stellt. Grundsätzlich kann aber auch der Analysand zum Container des Analytikers werden, beispielsweise in Situationen der persönlichen Belastung des Analytikers durch sein Privatleben, andere Patienten oder durch die Pathologie des Analysanden im Sinne einer agierten Gegenübertragung. In der Regel finden sich Container-Contained-Relationen gleichzeitig auf vielen Ebenen. Indem beide Beteiligten der analytischen Situation eine Beziehung ein-

18 Hier finden sich Ähnlichkeiten mit dem Begriff des »persönlichen Mythos« bei den nordamerikanischen Feldtheoretikern (Levenson, 2005).

gehen, entwickelt das Traumfeld eine gemeinsam geschaffene und weiterentwickelte Traum- und damit Verarbeitungsfunktion. Jedes Geschehen im Feld kann mit dem Präfix »Ich bzw. das Feld hat geträumt, dass …« versehen und verstanden werden. In Ihrer Einteilung hat Katz dieses Modell daher das »oneirische Feldmodell« genannt. Damit werden auch scheinbar banale oder konkretistische Einfälle einer mehrdimensionalen Betrachtungsweise fähig, die ein Weiterträumen ermöglicht. Dies geschieht vor allem, indem der Analytiker sich möglichst aufnahmebereit »ohne Gedächtnis und Verlangen« im Sinne Bions (1993 [1970]) zur Verfügung stellt und die Mitteilungen des Patienten auf sich wirken lässt. Er entwickelt dann traumähnliche Verarbeitungen (Reverien), in denen der Faden weitergesponnen wird. Wenn sich das Feld gut etabliert hat, findet dieses Weiterspinnen von beiden Beteiligten statt – die Analyse wird ein großer, ständig expandierender Traum, an dem beide beteiligt sind. Ziel ist es, die emotionalen und kognitiven Verarbeitungsmöglichkeiten zu fördern, die dann sekundär auch der Konfliktverarbeitung dienlich sind. So wird also zunächst die Symbolbildung gefördert, ehe im eher konventionellen analytischen Sinne gearbeitet wird.

Diese Sicht auf den psychoanalytischen Prozess hat Konsequenzen auf metapsychologischer, vor allem aber auf behandlungspraktischer Ebene: Bions Ansatz umgeht bzw. minimiert große Teile der traditionellen Metapsychologie und ersetzt sie durch seinen fast minimalistisch zu nennenden Ansatz. Dadurch entsteht eine sehr knappe und in sich konsistente und doch entwicklungsoffene Theorie, die andere Ansätze möglicherweise überflüssig erscheinen lässt. So interessiert sich Bion nicht so sehr für die Triebe und entwicklungspsychologische Überlegungen im individuellen Sinne.

Auf der Ebene der Behandlungspraxis ist es von herausragender Bedeutung, dass sich der Analytiker möglichst offen und unvoreingenommen dem Patienten zuwendet und versucht, ihn möglichst genau zu verstehen und mit ihm Gleichklang *(unison)* herzustellen.[19] Der Patient signalisiert durch seine traumähnlichen Einfälle, wie er die Interventionen des Analytikers aufnimmt – etwas, das Ferro »Signale aus dem Feld« nennt: Beispielsweise erwähnt ein Analysand einen brutalen Lehrer, der sich nicht um die Lernfähigkeit seiner Schüler kümmert, und bezieht sich damit indirekt auf eine unverdauliche Deutung des Analytikers aus der Vorstunde. Bion folgend, ist der Analysand mit seinen indirekten narrativen Rückmeldungen damit »der beste Kollege des Analytikers«. Der Analytiker nimmt daher nicht eine Position überlegenen Wissens, sondern eine eher partizipativ-gleichrangige Stellung ein. Durch den gemeinsamen Traumvorgang ist eine unbewusste Symmetrie gegeben, die durch die Funktion des Aufwachens aus dem Traum und des Nachdenkens über den Traum durch den Analytiker wieder relativiert wird. Auch kann der Analytiker einen »zweiten Blick« auf die Geschehnisse der Stunde werfen und seine Position und Interventionen revidieren – eine technische Empfehlung, die sich schon bei den Barangers findet. Kriterium der Entwicklung ist die vermehrte Alpha-Funktion mit den Veränderungen der Narrative des Analysanden, weniger andere Behandlungsergebnisse wie das Erreichen eines Überwiegens depressiver über paranoid-schizoide Vorgänge oder das Wiedergewinnen verdrängter Erinnerung usw. Durch die Zentrierung auf die Förderung des Träumens stehen eher ungesättigte, weiteren Raum und weiteres Nachdenken ermöglichende Interventionen im Vordergrund; gesättigte, gewissermaßen geschlossene Deutungen behindern eher das gemeinsame Träumen. Der Analytiker muss fein abwägen, was er dem Patienten jeweils zumuten kann, und dabei feinfühlig auf die (aversiven) Signale des Analysanden achten. In seinen zahlreichen

19 Man könnte hier auch an gewisse selbstpsychologische Vorstellungen denken, wonach eine halt- und strukturbildende Selbst-Objektbeziehung, die durchaus auch fusionäre Charakteristika zeigt, hergestellt und durchgearbeitet wird.

Veröffentlichungen gibt Ferro immer wieder Einblick in seine Reverie und daraus abgeleitete Interventionen. Kritisieren kann man an dieser Behandlungskonzeption, dass aufseiten des Analytikers immer sozusagen eine korrekte und stimmige Reverie entsteht, wobei vermieden werden müsste, dass der Analytiker mit seinen Einfällen den analytischen Raum füllt und möglicherweise dem Patienten zu wenig Platz für eigene Produktionen lässt. Ferro verlässt sich dabei auf die »Signale aus dem Feld«, traumartig gestaltete Einfälle des Analysanden, die ihm einen Rückschluss auf die Relevanz seiner eigenen Interventionen geben. Dabei wird vorausgesetzt, dass die Traumsprache gewissermaßen universell gegeben ist und auch einigermaßen eindeutig entziffert werden kann. Dieser Universalitätsgedanke könnte aber – ähnlich wie die universellen Präkonzepte Bions und der Kleinianer – die sehr persönlichen Faktoren aufseiten des Analytikers, die seine Reverie auch bestimmen, übersehen. Ogden (1994, 2006) hat in bestechender Weise gezeigt, wie sich das »intersubjektive Dritte« (seine Version des Feld-Begriffs) in den scheinbar alltäglichen Einfällen und vor allem auch Abschweifungen des Analytikers in der Stunde zeigt und wie letztere sich auf Ereignisse im Feld, aber gewissermaßen auch auf ganz »private« Vorgänge beim Analytiker, beziehen lassen.

Das Nordamerikanische Feldmodell

Seit den 1940er Jahren kam es zu einer zunehmenden Aufspaltung der psychoanalytischen Landschaft in den USA. Neben der dominierenden Freud'schen und der daraus hervorgehenden Ich-psychologischen Mainstream-Richtung bildeten sich in mehreren Abspaltungen weitere psychoanalytische Schulen, die bei allen Unterschieden eine zumindest immanente Feldkonzeption verwenden. Der Begriff »Feld« taucht überwiegend bei den Intersubjektivisten auf, die anderen Richtungen sprechen eher von

»relationaler« oder »interpersonaler Matrix«; in ihrer Nomenklatur wird eher die bipersonale Beziehung fokussiert, wobei aber indirekt eine Feldbetrachtungsweise mitschwingt. So schreibt Mitchell, einer der wesentlichen Vertreter der Relationalen Psychoanalyse:

> »Ich bevorzuge die Vorstellung einer relationalen Matrix nicht in einem engen, begrenzt motivationalen, sondern in einem breiten paradigmatischen Sinn, der Folgendes umfasst: angeborene Verdrahtungen (wie die Antwortmuster Bowlbys und die Wahrnehmungskapazitäten und Vorlieben von Neugeborenen), die motivationale Intention (wie Fairbairns Objektsuche und Kleins Antrieb zu Reparation) und implizit interpersonale Prozesse, die mit der Selbst-Definition zu tun haben (wie Winnicotts fördernde Umwelt oder Kohuts Selbstobjektbeziehungen)« (Mitchell, 1988, S. 62, Übersetzung P. P.).

Interessanterweise wurde der Begriff »Matrix« schon in den 1950er Jahren vom Gruppenanalytiker Sigmund H. Foulkes – wie oben dargestellt – verwendet, der aber von den nordamerikanischen Theoretikern wohl nicht rezipiert worden ist (siehe das Kapitel zu den Gruppentheorien).

Ich folge hier dem Ansatz von Katz, die in ihrer Einteilung dieses Modell »plasmatisch« genannt hat.[20] Relevant sind im Einzelnen folgende Gruppierungen:

1. Die *Interpersonale Psychoanalyse* bezieht sich vor allem auf den Psychiater Sullivan, der in den 1920er Jahren zeigte, dass Schizophrene verstanden und psychotherapeutisch

20 Der Plasmazustand ist neben gasförmig, flüssig und fest der vierte und häufigste Aggregatzustand von Materie. Plasma-Teile sind sehr aktiv, beeinflussen sich durch ihre Magnetfelder gegenseitig und führen zu nicht-vorhersagbaren Reaktionen. Sie verhalten sich dabei weder geordnet noch völlig ungeordnet.

behandelt werden können. Zu dieser Gruppe gehörten später Fromm, Fromm-Reichmann, Thompson und Karen Horney, wobei vor allem Fromm-Reichmann eine berühmte Psychosen-Therapeutin wurde. Später stießen unter anderem Hirsch und Levenson dazu – der prominenteste Vertreter derzeit ist wohl Donnel B. Stern. Die Interpersonalisten lehnen die Freud'sche Triebtheorie ab, betonen gesellschaftlich-kulturelle Faktoren und bevorzugen eine aktive, die aktuellen Ereignisse in der therapeutischen Beziehung betonende Technik mit aktiver Nutzung der sogenannten »Realbeziehung« zwischen Analytiker und Analysand.

2. Die *Relationale Psychoanalyse* wurde ganz wesentlich von Interpersonalen Analytikern in einem universitären Rahmen begründet und versteht sich als eine Verbindung von Ideen Sullivans und Fairbairns (British Middlegroup). Später kamen feministische, entwicklungspsychologische und systemtheoretische Theoriebestandteile dazu. Von Ghent, Mitchell und Aron begründet, wird sie derzeit vor allem von Benjamin und Harris vertreten. Interpersonale und Relationale Analytiker arbeiten zum Teil eng zusammen, der Interpersonalist Donnel B. Stern spricht inzwischen von einem »interpersonal-relationalen Ansatz«.
3. Die *Intersubjektive Psychoanalyse* um Stolorow, Atwood, Brandchaft und Orange entstand zunächst im akademischen Milieu, zeigt eine Nähe zur Selbstpsychologie[21] und verfolgt einen dezidiert interdisziplinären Ansatz, indem sie Überlegungen der Phänomenologie, des Existenzialismus,

21 Ein wesentlicher Unterschied zur Selbstpsychologie besteht darin, dass die Intersubjektivisten die Selbst-Selbstobjekt-Matrix als nur eine von vielen interpersonellen Matrizen betrachten. Sie gehen zwar von einer durchgehenden Ebene der Selbst-Selbst-Objekt-Übertragung aus, sehen diese aber in Dialektik zu anderen Übertragungsebenen, bei denen konflikthafte Wünsche und Intentionen (mehr im Sinne des traditionellen Übertragungsbegriffs) im Vordergrund stehen.

des Strukturalismus, der Hermeneutik sowie Ergebnisse der Kleinkindbeobachtung zu integrieren versucht. Sie versteht die psychoanalytische Situation als eine Begegnung der unterschiedlich organisierten Welten von Analytiker und Analysand, deren Aufeinandertreffen zu einem Verständnis der unbewussten Organisationsprinzipien dieser Welten führt. Die Organisationsprinzipien ergeben sich aus der Entwicklung des Einzelnen und haben neben allgemein menschlichen vor allem auch stark idiosynkratische persönliche und unverwechselbare Züge. Diese Gruppe verwendet als einzige der Nordamerikaner den Feld-Begriff immer wieder explizit.

4. Die *Motivationale Systemtheorie* (Lichtenberg, Lachmann, Fosshage) wird von Psychoanalytikern vertreten, die ihre Theorien sehr stark auf die Ergebnisse der Säuglings- und Kleinkindbeobachtung stützen und daraus ein eigenes Motivationsmodell mit insgesamt sieben Motivationssystemen (physiologische Regulation; Bindung an Individuen; Verbindung zu Gruppen; Fürsorge; Exploration und Behauptung bezüglich eigener Präferenzen und Fähigkeiten; aversives Reaktionssystem mit Antagonismus und/oder Rückzug; Sinnlichkeit und Sexualität) entwickelt haben. Intersubjektiv-feldbezogen ist ihr Ansatz dadurch, dass er die persönliche Entwicklung der angelegten Motivationssysteme als ein Ineinandergreifen von Baby und Pflegeperson begreift. Diese Situation repliziert sich in der Analyse in sogenannten »Modellszenen«. Dabei geht es um die Herausarbeitung der jeweils dominierenden Motivationskonstellation und deren Bezug zu anderen Motivationskonstellationen. Zu erwähnen ist in diesem Zusammenhang noch die Boston Change Process Study Group um Daniel Stern (2007 [2004]; 2010), die ein ganz eigenes Modell des psychoanalytischen Prozesses entwickelt hat, das sich in Manchem sicher auch als Feldmodell fassen lässt. Stern und seine

> Mitarbeiter gehen davon aus, dass es neben dem in der Psychoanalyse geläufigen symbolvermittelten Gedächtnis und Kommunikationsmodell ein weiteres, Entwicklung und den ganzen Lebenszyklus bestimmendes prozedurales implizites Gedächtnis und Kommunikationssystem gibt, das sich eher in Handlungen als in verbalisierter Symbolik äußert. Dieses System entsteht entwicklungsgeschichtlich vor dem symbolischen System, bleibt aber lebenslang daneben erhalten und bedeutsam. Es zeigt sich im Wie des Miteinanders, das sich als ebenso wichtiger Teil der Beziehungsstruktur erweist, die verstanden und – zum Teil handelnd – verändert werden kann. Stern und Kollegen bieten diese Idee als unifizierendes Paradigma an, dessen weitreichende Implikationen erst langsam anerkannt und in das allgemeine Korpus der psychoanalytischen Theoriebildung integriert werden (siehe auch Bohleber, 2018).

Alle diese Schulen[22] entwickelten sich in Abgrenzung zur Freud'schen Triebtheorie und zur seinerzeit in den USA dominierenden Ich-Psychologie, die als mechanistisch und reduktiv kritisiert wurde. Dies führte allerdings auch dazu, dass die große Bedeutung unbewusster Vorgänge – sowie etwa die Bedeutung der Träume – lange Zeit stark in den Hintergrund traten, was diese Richtungen über Jahrzehnte vom psychoanalytischen Mainstream ausschloss, ihre Aufnahme in die International Psychoanalytic Association (IPA) verhinderte und ihnen nur begrenzte Anerkennung und Publikationsmöglichkeiten in den traditionellen psychoanalytischen Zeitschriften eröffnete. Mit der Entwicklung der Relationalen Psychoanalyse und der zunehmend anerkannten Forschungsergebnisse der Motivationalen Systemtheoretiker scheint sich hier

22 In begrenztem Umfang könnte man hierzu auch die Selbstpsychologen zählen, die eine sehr spezielle Form des Feldes, nämlich die Selbst-Selbstobjekt-Matrix, in den Mittelpunkt ihrer Theorie stellen.

eine Annäherung einzustellen, die der Psychoanalyse nach meiner festen Überzeugung wissenschaftspolitisch und klinisch-praktisch nur nutzen kann.

Außerdem ergab die Ausweitung der Psychoanalyse-Indikation auf Psychosen, Borderline-Störungen und sonstige schwere Pathologien einen Mangel an brauchbaren Behandlungskonzepten, dem die Autoren durch neue theoretische und klinische Ansätze zu begegnen suchten.

Die dargelegten nordamerikanischen Psychoanalyse-Richtungen verbinden folgende Gemeinsamkeiten, die gleichzeitig gewissermaßen Grundzüge einer immanenten Feldtheorie konstituieren:

1. *eine Theorie der Motivation, die die Suche nach haltgebenden und befriedigenden Objekten in den Vordergrund stellt:* Die Triebtheorie wird als mechanistisch-biologistisch und veraltet abgelehnt, viele klinische Tatsachen seien mit ihr nicht erklärbar, die darauf fußende Metapsychologie sei in sich widersprüchlich und weit von der klinischen Praxis entfernt (Greenberg & Mitchell, 1983; Mitchell, 1988; Grünbaum, 1984). Motivation wird weniger in biologisch-körperlichen Antrieben wie Sexualität und Aggression gesehen und mehr als rein psychologische Antriebskraft verstanden, wobei immer Aspekte der Suche nach einer Beziehung zu Anderen im Vordergrund stehen. Dabei spielt eine Betonung des affektiven Erlebens (die Affekte ersetzen in gewisser Weise die Triebe als wesentlichen Teil der Motivation) und der Suche nach Bedeutung eine große Rolle. Der Andere wird nicht in erster Linie als Triebobjekt verstanden, sondern als wichtiges anderes Subjekt, mit dem Nähe, Verständnis und Austausch erstrebt werden. Beziehung ist damit ein Ziel an sich und nicht nur Mittel zum Erreichen von Triebentladung und Affektregulation. Triebhafte Phänomene sind in dieses Beziehungsgeschehen eingebunden und erhalten durch den Charakter der Beziehung ihre jeweilige spezi-

fische Bedeutung. Der Sexualität kommt dabei eine besondere Bedeutung zu, weil das sexuelle Erleben die Strukturen der jeweiligen Beziehung in intensiver Weise zeigt und bestimmt. Der Beziehungsstil schlägt sich hier nieder, die Triebbefriedigung ist aber nur ein Teilaspekt des Beziehungsgeschehens (Mitchell, 1988, Kap. 2) Alle diese Theorien verstehen psychische Entwicklung im Wesentlichen als Ergebnis der Beziehung zu wichtigen Pflegepersonen, die die psychische Struktur sowohl in ihren maladaptiven Aspekten (Krankheit) als auch in ihren Gesundheit und Wohlbefinden sichernden Aspekten wie beispielsweise sichere Bindung und Wechselseitigkeit des Austausches prägen. Entwicklungspsychologische Vorstellungen, vor allem die Ergebnisse der empirischen Kleinkindforschung, sind eine wesentliche Komponente dieser Theorien, wobei fast alle Schulen letztlich als Varianten einer umfassenden intersubjektiv gefassten Objektbeziehungstheorie verstanden werden können. Die Selbstpsychologie hat einen gewissen Sonderstatus mit ihrem Primat der Entwicklung des Selbst, das sich aber immer nur in speziellen (Selbst)-Objektbeziehungsstrukturen entfalten kann. Was für die frühe Entwicklung gilt, bestimmt auch das weitere Leben: Es ist immer in Beziehungsstrukturen eingebunden und wird durch sie lebenslang beeinflusst. Diese Theoretiker gehen also – ähnlich wie die Vertreter der Britischen Objektbeziehungstheorie (M. Klein, Fairbairn, Winnicott, Balint) von einer primären Sozialität des Menschen im Sinne von Aristoteles aus. Für die Kommunikation und das Zusammenleben sind Symbolbildung und sprachlicher Ausdruck konstitutiv und haben daher in der Therapie eine besondere Bedeutung. Im Zuge der Entwicklung bilden sich Narrative über das eigene Leben, das Selbst und die Anderen aus, die alte und neue Erfahrungen organisieren und damit Erleben und Verhalten unbewusst steuern. Erfahrungen werden in unbewussten und bewussten Organisationsstrukturen des Erlebens verarbeitet und gewissermaßen konserviert.

2. *Therapie als Begegnung zweier Subjekte in einem strukturierten Feld:* In der psychoanalytischen Situation stellen sich diese Beziehungsstrukturen in Relation zum Analytiker her, »das Feld zieht sich die Krankheit des Analysanden zu« (Levenson, 2005). Die Analyse dieser Beziehungsstrukturen führt zur Aufdeckung der unbewussten Strukturen des Erlebens und zur Dekonstruktion des einengenden persönlichen Narrativs, womit der Bildung neuer Narrative und damit neuer Beziehungsmöglichkeiten zu Anderen und zu sich selbst mehr Raum gegeben werden kann.[23] Verinnerlichte Selbst-Objekt-Beziehungen und die damit verbundenen Erlebensstrukturen werden modifiziert. Anders als in der »klassischen« Theorie ist der Analytiker Teil des Feldes, bestimmt es durch seine Idiosynkrasien und möglicherweise auch Pathologien mit – er ist im Sinne Sullivans »teilnehmender Beobachter«, der zum Teil sehr tief in das Geschehen eintaucht. In den letzten Jahrzehnten wurde der Begriff des Enactments zur Beschreibung allfälliger unvermeidbarer Gegenübertragungsreaktionen und daraus resultierender Verwicklungen mit dem Analysanden geprägt (siehe z. B. Jacobs, 2005). Einige Vertreter des Mainstreams betonen, dass Enactments (und damit auch die Gegenübertragung insgesamt) nach Möglichkeit begrenzt werden sollten. Die meisten Theoretiker des Nordamerikanischen Feldmodells gehen aber davon aus, dass Enactments wegen der intrinsischen Selbstverborgenheit und der trotz Lehranalyse nicht vollständig analysierten (und analysierbaren) Konflikte des

23 Die Intersubjektive Psychoanalyse spricht in diesem Zusammenhang von einem »präreflexiven« Unbewussten, das nicht durch die Verdrängungsschranke vom Bewusstsein getrennt ist, trotzdem aber oft nur unter großen Schwierigkeiten bewusst gemacht werden kann.

Analytikers nicht vermeidbar sind, sondern sich in jedem Falle ereignen, und möglicherweise nur auf diesem Wege bestimmte Probleme, die nicht in üblicher Weise erinnert werden können, Eingang in die Analyse finden. In der Regel wird das Enactment erst im Nachhinein erkannt und analysiert (siehe dazu vor allem Donnel B. Stern, 2010). Die Widerstände im Feld werden nicht im Innern des Analysanden verordnet, sondern ergeben sich kontextuell durch die einmalige Konstellation mit dem Analytiker. Insofern ist die Grenze zwischen Bewusstem und Unbewusstem nicht starr, sondern je nach Beziehungssituation mehr oder weniger durchlässig. In der analytischen Situation baut sich also das Feld nicht sekundär im Sinne einer Suche nach einem Triebbefriedigung gewährenden Objekt auf (Freud), es ist aufgrund der primären Objektbezogenheit des Menschen vielmehr von vornherein vorhanden und wird durch individuelle Übertragungs- und Gegenübertragungsdispositionen gefärbt, die dann der Gegenstand der Analyse sind. Anders formuliert könnte man auch sagen, dass von Beginn an eine Art intersubjektive Verschränkung besteht, deren Strukturen im Laufe der Zeit erkannt, entwirrt und durch neue Beziehungsstrukturen ersetzt werden, die der Analysand dann auf sein sonstiges Leben überträgt. Dies bedeutet auch, dass beide Beteiligten des analytischen Geschehens sich im Laufe der Zeit kennenlernen, ihre Beziehung verstehen und beide durch die neue Erfahrung verändert aus der Beziehung hervorgehen.[24] Das Unbewusste wird nicht als »Kessel brodelnder Triebe« (Freud) verstanden, sondern erweist sich als durch unbewusste verinnerlichte Beziehungsstrukturen und damit zusammenhängende Symbolisierungsprozesse

24 Der Gruppentheoretiker Sigmund H. Foulkes äußert die ähnliche Idee, dass sich das Individuum aus der ursprünglich verschmolzenen Gruppenmatrix entwickelt.

organisiert, die in der analytischen Beziehung bewusst und damit verändert werden können. Arnold Modell spricht – vor allem fußend auf der bahnbrechenden Arbeit von Lakoff und Johnson (1980)[25] – von der Metaphorisierungstendenz des Unbewussten (Modell, 1990, 1997, 2005). Es gibt also kein direktes Verstehen von Unbewusstem zu Unbewusstem, wie es beispielsweise die Postbionianische Feldtheorie oder Freuds Receiver-Modell postulieren –, immer ist stattdessen ein Umweg über das Verständnis der abgeleiteten Symbolisierungsprozesse erforderlich. Die Haltung des Analytikers ist auf das genaue Verstehen und die Erforschung der Beziehungsprozesse ausgerichtet, weil nur auf diesem Wege das Unbewusste erreicht werden kann. Diese Analytiker arbeiten zwar auch mit der gleichschwebenden Aufmerksamkeit, würden sich aber beispielsweise nicht weitgehend auf ihre Reverie und das gemeinsame Träumen mit den Patienten als wesentlichen Motor der Therapie verlassen. Manche Richtungen wie beispielsweise die Interpersonale Psychoanalyse vertreten eine sehr aktive, Details erforschende und auch konfrontative Behandlungstechnik, die sich im Einzelfall deutlich von der sonst eher üblichen analytischen Zurückhaltung unterscheidet. Dabei geben manche Interpersonale Analytiker der Analyse der Oberfläche Priorität und nicht der zugrundeliegenden unbewussten Vorgänge, die nur indirekt erschlossen werden können. So betont beispielsweise Levenson (2017), dass die Oberfläche die Einzigartigkeit des Analysanden zum Ausdruck bringt, die sich wiederum in den Beziehungsmustern, die sich im Laufe der Zeit in der Übertragungsbeziehung manifestieren,

25 Lakoff und Johnson hatten gezeigt, dass Metaphern nicht nur zum Verständnis in der Linguistik und Literaturwissenschaft wichtig sind, sondern dass das alltägliche Leben der Menschen von Metaphern durchdrungen ist und letztere das Verständnis der Welt und des Erlebens strukturieren.

niederschlägt. Somit geht es immer darum, was sich zwischen Analytiker und Analysand ereignet. Das heuristische Prinzip konzentriert sich also auf die Frage: »Was geschieht hier und jetzt zwischen Ihnen und mir?« Auch das Sprechen ist – im Rückgriff auf Wittgensteins Diktum »Worte sind Taten« – ein Handeln, auch wenn es um die freie Assoziation geht. Korrespondierend dazu sind die Deutungen des Analytikers ebenfalls Handlungen, die unter anderem eine Stellungnahme des Analytikers gegenüber den Äußerungen des Patienten transportieren. Durch das Konzept der Re-Transkription von Erfahrung (insbesondere auch Traumata) werden in der aktuellen Situation die Erlebensstrukturen einer grundlegenden Revision zugänglich.[26]

In diesen Theoriesystemen ist ein Heraustreten aus dem Prozess im Sinne des »zweiten Blicks« *(second look)*, der eine gewisse objektivierende Distanz gegenüber dem analytischen Geschehen ermöglicht, wie es die Barangers sowie Ferro und Civitarese postulieren, aus grundsätzlichen Überlegungen heraus nicht vorstellbar. Zwar sollen die eigene Gegenübertragung und der Gesamtprozess ständig reflektiert werden, es herrscht aber eine erhebliche Skepsis, inwieweit der Analytiker sich der Verwicklung wirklich entziehen und gewissermaßen einen objektiven Überblick bekommen kann, da er dem Feld aufgrund seiner eigenen lebensgeschichtlich gewordenen Struktur nicht entgehen kann, die auch durch soziale Stellung und historische Bedingtheit geprägt und letztlich beschränkt ist. Generell wird davon ausgegangen, dass keiner der beiden Beteiligten einen privilegierten Zugang zu einer wie auch immer gearteten »objektiven Wahrheit« haben kann, sondern das beide aufgrund ihrer Erfahrungen

26 Mit dem Konzept der Re-Transkription (Modell, 1990, 1997, 2005) wird die Freud'sche Idee der Nachträglichkeit (Freud, 1918b [1914]) aufgegriffen und erweitert.

eine subjektive begrenzte Perspektive einnehmen, die durch die Analyse herausgearbeitet, relativiert und gegebenenfalls schließlich modifiziert oder aufgegeben werden kann. In einem postmodernen Sinne sind Verstehen und Wissen immer subjektiv gebunden und perspektivisch begrenzt, Erkenntnis ist stark kontextabhängig und damit veränderlich und relativ. Die Erkenntnismöglichkeiten des Einzelnen sind durch seinen sozialen, geschichtlichen und ökonomischen Ort bestimmt und grundsätzlich eingeengt. Zugleich ist das Individuum in seiner Genese und in seinem späteren Leben nie völlig für sich und abgegrenzt, immer bis in die Tiefe seiner Individualität durch andere mitbestimmt. Der Interpersonalist Levenson (2001, S. 250) formuliert: »Gehirn ist individuell, aber Geist ist ein Feldphänomen.«[27]

3. *Therapie-Erfolg als Erweiterung der Beziehungsmöglichkeiten:* Gemäß der intersubjektiv ausgerichteten Objektbeziehungsorientierung der nordamerikanischen Feldtheorie werden die Ziele der Psychoanalyse vor allem auf dem Gebiet der Beziehung zu Anderen und – gewissermaßen spiegelbildlich – für das Selbst und mit den inneren Objekten formuliert. Sie beziehen sich auf eine Erweiterung der Beziehungsmöglichkeiten hin zu mehr Offenheit, Wechselseitigkeit und auch vertiefter sexueller Befriedigung.[28]

---

27 Diese Aussage weist eine verblüffende Ähnlichkeit zur Konzeption des Gruppenanalytikers Foulkes (1990 [1971]), wonach das geistige Leben sich nicht im Gehirn des Individuums, sondern im Gruppenkontext entfaltet.

28 Mitchell (1988) weist darauf hin, dass in der Geschichte der Psychoanalyse die Ablehnung der Triebtheorie zunächst mit einer Verringerung der Bedeutung der Sexualität bei den verschiedenen Schulen verbunden war, diese Haltung jetzt aber überwunden ist: »In einem integrierten relationalen Modell wie hier vorgestellt, werden Sexualität und relationale Sachverhalte nicht als alternative Brennpunkte gesehen. Es ist eher so, dass Sexualität als ein zentrales Gebiet angesehen wird, auf dem sich relationale Konflikte abzeichnen und ausgespielt werden« (ebd., S. 66, Übersetzung P. P.).

Indem das jeweilige persönliche Narrativ und damit die bis dahin unbewussten Strukturen des Erlebens dekonstruiert werden, kann es neue Bedeutungen annehmen und zu einem Wachstum des Selbst und der Beziehungsmöglichkeiten beitragen. Andere werden in ihrer Individualität, Andersartigkeit und gleichzeitigen Gemeinsamkeit zunehmend erkannt, wodurch ein vertieftes Kennenlernen, Austausch und wechselseitige Anerkennung und Liebe möglich werden. Wenn bei Freud von den Therapiezielen der Liebes- und Arbeitsfähigkeit die Rede ist, bedeutet dies »Bezähmung der Triebe« und Aufgabe infantiler, inzestuöser libidinöser und aggressiver Triebwünsche. Demgegenüber gehen die relational-intersubjektiv orientierten Theoretiker nicht von wenigen universal gegebenen Motiven, sondern von einer prinzipiell unendlichen Vielfalt von Beziehungsmodi und daraus resultierenden Motivationen aus. Nach dieser Vorstellung finden sich beim Analysanden unreife Beziehungsformen (auch der infantilen Sexualität), die aber als Suche nach erfüllteren Objektbeziehungen anerkannt, verstanden und eher integriert und weiterentwickelt als aufgegeben werden sollten. So bleibt beispielsweise ein lebenslanges Suchen nach bestätigenden Objekten und Verschmelzung mit dem Liebesobjekt in gewisser Weise bestehen, wird aber dahingehend modifiziert, dass es in real möglichen Beziehungen Erfüllung finden kann.

Gemeinsamkeiten und Unterschiede der psychoanalytischen Feldmodelle

Gemeinsamkeiten

Alle drei beschriebenen Modelle (Baranger, Postbionianische Feldtheorie, Nordamerikanisches Feldmodell) erweitern das traditionelle Paradigma von Übertragung und Gegenübertragung durch eine gewissermaßen dritte Dimension gegenseitiger rekursiver Beeinflussung und Durchdringung von Analytiker und Analysand. Dadurch entsteht eine geteilte, ko-kreierte Struktur, die wiederum auf beide Teilnehmer des Prozesses zurückwirkt. Konnte im traditionellen Paradigma immer noch eine kausale Zuordnung der Vorgänge erfolgen[29] – »Wer hat was beigetragen?« –, so impliziert das Feldmodell eine non-lineare Kausalität, die der Anwendung modernen Vorstellungen dynamischer Systeme auf die Psychoanalyse entspricht (J. S. Scharff & D. E. Scharff, 1998; Galatzer-Levy, 2016). Zugleich stellen die Feldmodelle eine konsequente Weiterentwicklung des neuen intersubjektiven Paradigmas in der Psychoanalyse dar. Sie konzeptualisieren den bisher unvollständig erfassten Bereich des »Dazwischen« (Bohleber, 2018) mit den mannigfaltigen Annährungen, den Abstoßungen,

29 Die Zuordnungen erfolgen je nach Schulrichtung sehr unterschiedlich. Bestimmte Formen der kleinianischen Psychoanalyse mit ihrer ubiquitären Verwendung des Konzepts der Projektiven Identifikation stellen hier eine sehr fragwürdige Eindeutigkeit der Kausalitäten her, die dem Analysanden letztlich die weitgehende alleinige Verantwortung aufbürdet.

der gegenseitigen Beeinflussung, aber auch der Manipulation und letztlich der gemeinsamen Entwicklungsprozesse von Analytiker und Analysand, und führen damit ein zentrales Konzept ein, das alle psychoanalytischen Schulen betrifft. Das erwähnte »Dazwischen« erweist sich als deutlich weiter gefasst als Übertragung und Gegenübertragung. Es beinhaltet neben Phantasien und Abwehrmaßnahmen auch die materiellen Komponenten des Settings (wie die Barangers zeigten) und die übergreifenden Felder (sozial, politisch, historisch, wie sie vor allem die Relationale Psychoanalyse berücksichtigt und integriert). Das psychoanalytische Feld ist in weitere Felder eingebettet: Entsprechend der Theorie dynamischer Systeme lassen sich neben den vertrauten Phänomenen wie Widerstand und Übertragung die Qualitäten von Unordnung und überraschender Neuordnung und generell eine gewisse Unvorhersehbarkeit des Prozesses feststellen. Dies haben die Psychoanalytiker vielleicht schon immer intuitiv gewusst, aber nie so systematisiert. Die neue systemtheoretische Betrachtung fügt außerdem die wichtige Überlegung der Selbstorganisationstendenz lebender Systeme hinzu, die sich immer zwischen Homöostase und Chaos bewegen und charakteristische Kipppunkte erzeugen, an denen neue Entwicklung oder Desorganisation auftreten können. Diese neue Sicht eröffnet auch neue Verständnisperspektiven für den psychoanalytischen Prozess und Modelle möglicher hilfreicher Interventionen, die über das traditionelle Repertoire hinausgehen. Während die Triebtheorie mit ihrem Primat der intrapsychischen Vorgänge den Analysanden zunächst als innerhalb eines eher geschlossenen Systems agierend auffasst, das sekundär in Austausch mit der Umgebung tritt, verstehen die Feldtheoretiker mit ihren unterschiedlichen Modellen den Analysanden als handelnd in einem primär gegenüber der Umwelt offenen und damit von Anfang an beeinflussten, beeinflussbaren und selbst Einfluss ausübenden System. Gleiches gilt für den Analytiker und natürlich besonders für die neue gemeinsame Struktur, das psychoanalytische Feld.

Unterschiede

Hier seien zwei wesentliche Differenzen hervorgehoben:

1. *Nähe und Anschlussfähigkeit zur traditionellen Theoriebildung:* Das Ehepaar Baranger verwendet das Freud'sche Strukturmodell, grenzt sich nicht klar gegenüber der Triebtheorie ab und hatte in seinen Anfängen eine starke Bindung an das kleinianische Modell. Hierbei wird nicht deutlich, auf welcher Grundlage die postulierten Paarphantasien verstanden werden, die Beispiele deuten zumindest auf eine starke objektbeziehungstheoretische Dimension hin, die ja auch in der kleinianischen Theorie vorhanden ist.[30] Insbesondere die universelle Verwendung des Konzepts der Projektiven Identifizierung in ersten Veröffentlichungen reduziert die im Feld wirksame Kommunikation beim Baranger-Modell – in späteren Arbeiten haben sie sich davon distanziert.

   Die nordamerikanischen Vertreter der Feldtheorie verwenden durchgehend – allerdings deutlich unterschiedliche – objektbeziehungstheoretische Modelle, die sich von der traditionellen britischen Objektbeziehungstheorie allerdings klar abheben. Sie verwenden rein psychologische Motivationstheorien, gehen von vornherein von einer stark intersubjektiven Durchdringung und gegenseitigen rekursiven Beeinflussung aus, die schon von den moderneren dynamischen Systemtheorien geformt sind.[31]

---

30 Allerdings geht die kleinianische Theorie von universal gegebenen Objekten und einer primär vorhandenen universalen Objektvorstellung aus, während die britischen und nordamerikanischen Objektbeziehungstheorien den tatsächlichen Eigenschaften des äußeren Objekts eine viel größere Bedeutung zumessen.

31 Eine ähnliche Sicht findet sich auch bei Fairbairn, während die »Klassiker« der britischen Objektbeziehungstheorie (wie Balint und Winnicott) ein zweistufiges Modell verwenden, das für die neurotischen Störungen weitgehend das

Die Postbionianische Feldtheorie (Ferro & Civitarese, 2015) verwendet ein Modell, das vielleicht am wenigsten anschlussfähig ist mit Blick auf die klassische Theorie und folgt darin weitgehend Bion. Bion hatte mit seinem Container-Contained-Modell und der intersubjektiven Bedeutung der Projektiven Identifizierung eine letztlich völlig neue Vorstellung der Entwicklungspsychologie und des psychoanalytischen Prozesses geschaffen. Das Freud'sche dreigeteilte Strukturmodell taucht in seinen Schriften nicht auf, der Bezug zur kleinianischen Theorie ist eher lose. Die BFT-Autoren haben das Bion'sche Modell um die Dimension der Narratologie erweitert, die aus einem nicht-psychoanalytischen Wissenschaftsgebiet übernommen und adaptiert wurde (Eco, 1998 [1981], 1991). Die Vorgänge im Feld werden sehr stark auf die Traumvorgänge reduziert, andere Formen des Erlebens und der Kommunikation spielen eine untergeordnete Rolle. Ferro und Civitarese übernehmen von Bion die Vorstellung von Bindegliedern in Beziehungen, nämlich »L« (»Liebe«), »H« (»Hass«) und »K« (»Suche nach Wissen«). Obwohl man sicher teilweise Bezüge zu Freuds Theorie der Libido und des Todestriebs mit dem Derivat der Destrudo (Destruktionstrieb) herstellen kann, erscheinen diese Formen der Bezogenheit doch weniger als Derivate von Triebimpulsen und eher als rein psychologisch zu verstehende Motivationen. Den Wisstrieb hat Bion von Melanie Klein übernommen. Die entsprechenden Literaturstellen bei Bion sind – wie so oft – in einer stark abstrakten Sprache gehalten und nicht durch klinische Beispiele weiter erläutert.

Freud'sche Modell postuliert, während die sogenannten »frühen« Störungen durch rein psychologische Modelle erfasst werden (Greenberg & Mitchell, 1983).

2. *Modelle des psychoanalytischen Prozesses:* Die Barangers verstehen die psychoanalytische Situation (ähnlich wie die Postbionianer) als einen traumartig strukturierten Raum, innerhalb dessen sich die Phantasien über das psychoanalytische Paar entwickeln und gedeutet werden. Der Zugang zur Pathologie des Analysanden ist also kein direkter, auf intrapsychische Vorgänge bezogener, sondern die Paarphantasie schafft gewissermaßen das psychoanalytisch nutzbare Zwischenglied. Der Prozess wird durch gemeinsame Widerstände von Analytiker und Analysand (Bastionen) behindert, deren Deutung erneut den freien Fluss des Austausches ermöglichen. Der Analytiker kann im Sinne des *second look* das Feld gewissermaßen vorübergehend verlassen und einen Blick von außen einnehmen, um die Gesamtsituation zu überblicken und mögliche Behandlungsprobleme besser zu verstehen – er taucht zwar immer wieder tief in das Feld ein, wird davon aber höchstens vorübergehend vollständig absorbiert.

Das Postbionianische Feldmodell übernimmt von den Barangers die Vorstellung einer durchgehenden Traumstruktur der psychoanalytischen Situation, stellt dabei aber das (teilweise geteilte) Träumen ganz in den Vordergrund, während die Barangers den traumartigen Charakter des Prozesses eher als Hintergrundelement fassen. Für die Postbionianer ist die Traumaktivität des Analytikers und – mit zunehmender Entwicklung und Verinnerlichung einer intakten Alpha-Funktion – auch des Analysanden das wesentliche Geschehen, beide träumen das Feld gewissermaßen in immer neuen Variationen, wodurch es eine ständig sich wandelnde und im gelingenden Fall expandierende Struktur annimmt. Ziel ist die Etablierung einer reifen Traumverarbeitungsstruktur, weniger die Klärung der Lebensgeschichte oder der aktuellen Beziehungsmuster. Wenn sich die Alpha-Funktion des Analysanden verändert, scheint er auch für alle

Konfliktsituationen gewappnet, ohne dass diese so sehr in der Analyse angegangen werden müssten. Insbesondere bei Ferro und Civitarese (2015) wird auch erwähnt, dass sich das Träumen des Analytikers verändere, aber die Veränderung des Analytikers scheint eher ein Nebenaspekt zu sein, nicht vergleichbar mit den Vorstellungen der nordamerikanischen Theoretiker. Ähnlich wie bei den Barangers wird davon ausgegangen, dass der Analytiker zwar in den Prozess eintaucht, sich aber qua *second look* auch wieder befreien und eine Außenperspektive einnehmen kann. Die Richtung der kommunikativen Projektiven Identifizierungen verläuft auch ganz eindeutig fast immer vom Analysanden zum Analytiker, die umgekehrte Flussrichtung wird als zu korrigierende Ausnahme erwähnt und erinnert an die alte eingeschränkte Definition der Gegenübertragung als »zu bemeisternde Störung« (Freud, 1910d). Man kann überlegen, ob sich die Fokussierung auf die Alpha-Funktion von den bevorzugten Klientelen von Ferro und Civitarese (in der Regel schwer- und schwerstgestörte Patienten) ableiten lässt, bei denen auch mit anderem Theoriehintergrund die direkte Konfliktbearbeitung oftmals hinter Stabilisierung und Förderung der Mentalisierung (siehe z. B. Fonagy et al., 2008 [2002]; Allen, Fonagy & Bateman, 2008) zurücktritt.

Die nordamerikanischen Feldtheorien postulieren eine weitgehende Verschränkung von Analytiker und Analysand von der ersten Minute des Kontaktes an, der der Analytiker nicht entgehen und der er sich auch nicht vorübergehend wirklich entziehen kann. Analytiker und Analysand »ziehen sich mit dem Feld die Krankheit des Analysanden zu« (Levenson, 2005), die Analyse besteht in der immer weitergehenden Explikation, d. h. Herausarbeitung der Beziehungsmuster, die dadurch letztlich bewusst gemacht und verändert werden können. Zentrales Element ist dabei der unbewusst immer ablaufende Prozess der Metaphernbildung (Modell, 1984), über den die unbewussten Phänomene zugänglich werden. Es gibt also keinen direkten Zugang zum Unbewussten des Analysanden, der Analytiker muss zunächst dessen (Metaphern-)Sprache erlernen, mit ihm zusammen die gemeinsame Feldsprache entwickeln und dabei die relevanten Narrative erfassen. Diese werden dekonstruiert, wobei sich für beide Beteiligten die Möglichkeit modifizierter bzw. neuer Narrative ergeben kann. Heilung bedeutet dann nicht unbedingt die Erfüllung konkreter Reifungsziele, sondern eine breitere Möglichkeit des Erlebens und Verstehens. Ein gelungener psychoanalytischer Prozess verändert beide – ohne Veränderung des Analytikers ist kein Fortschritt möglich. Dieses zentrale Postulat findet sich bei den beiden anderen Feldtheorien in dieser Eindeutigkeit nicht. Daniel Stern und die Boston Study Group of Change haben der bekannten Theorie der (deklarativen) Symbolbildung die Dimension des unbewussten implizit-prozeduralen Austausches hinzugefügt. Alle nordamerikanischen Feldtheoretiker gehen von der Bedeutung unbewusster Enactments als ständigen Begleiterscheinungen der Analyse aus. Auch bei höherstrukturierten Patienten, die sich im üblichen Sinne dem freien Einfall überlassen können, finde gleichzeitig immer auch in gewissem Umfange eine handlungsorientierte Kommunikation statt, mit der Unbewusstes inszeniert und agiert wird.

Gegenüber der sogenannten »klassischen« Theorie der Technik betont Levenson, dass es für den therapeutischen Fortschritt nicht so sehr auf Deutung und Einsicht ankomme als vielmehr auf den interaktiven Austausch der beiden Beteiligten. Hier können sich die relevanten Objektbeziehungsmuster des Patienten manifestieren, in der unmittelbaren Erfahrung mit dem Analytiker erlebt werden und sich im direkten Handlungsdialog (und nicht nur Verstehen) mit dem Analytiker verändern. Levenson ist sogar der Überzeugung, dass es möglicherweise das Durcharbeiten an sich und nicht die Aufdeckung von etwas Verborgenem ist, das Veränderung schafft, während die Theoretiker um Stern in ähnlicher Weise den sich entwickelnden implizit-prozeduralen Mustern zwischen Analytiker und Analysand eine mutative Wirkung zuschreiben, das Geschehen an sich nicht immer in Deutungen gefasst werden müsse.

Die Position des Analytikers

Die Feldmodelle dienen letztlich einer Orientierung in der ja oft chaotisch-widersprüchlichen und unübersichtlichen psychoanalytischen Situation, sie geben dem Analytiker gewissermaßen eine Karte an die Hand, die eine präzisere Einordnung der Phänomene erlaubt.

Die Konzeptualisierung der Position des Analytikers ist in den drei Modellen sehr unterschiedlich, auch wenn das intersubjektive Paradigma als zentrale Gemeinsamkeit sichtbar wird.

Das Modell der Barangers folgt dabei am ehesten vertrauten, im sogenannten »Mainstream« üblichen Überlegungen: Übertragung und Gegenübertragung lassen sich initial einigermaßen klar zuordnen, verschwimmen dann aber wieder vorübergehend in Vermischungen von Selbst- und Objektanteilen und den regressiven Erlebnisstrukturen des Feldes. Die Hauptaktivität des Analytikers besteht in der Herausarbeitung der Paarphantasie, die durch Widerstände im Analysanden und durch gemeinsam generierte Widerstände (Bastionen) abgewehrt werden. Auf dem Hintergrund des Freud'schen Strukturmodells sollen die Phantasien bewusst gemacht und einer Auflassung oder angemessenen Adaptation zugeführt werden. Sowohl die klassische Vorstellung von der Bedeutung der infantilen Sexualität als auch die kleinianischen Überlegungen zur Aggressionsverarbeitung und den frühen Erlebensstrukturen sind dabei wegleitend.

Das Postbionianische Modell zentriert gänzlich den Traumvorgang und die Herstellung optimaler Bedingungen für das gemeinsame Träumen. So fördert der Analytiker über seine eigene Alpha-Funktion die Alpha-Funktion des Feldes, die dann vom Analysanden introjiziert werden kann. Alle Vorgänge im Feld, also auch Übertragung und Gegenübertragung, dienen gewissermaßen als Material, an dem die Traumvorgänge ansetzen können. Ferro und Civitarese behandeln dabei Übertragung und Gegenübertragung sowie die Herausarbeitung wichtiger biografischer Details eher en passant – letztlich ist die Aktivität des Analytikers ganz auf die präsenten Vorgänge im Feld fokussiert. Hier wird ein direkter Zugang von Unbewusstem zu Unbewusstem postuliert, die Reverie des Analytikers ist dabei der Schlüssel zum Verständnis. Damit kommt dem Analytiker und seiner Alpha-Funktion eine überragende Bedeutung und Autorität zu, was man sicher kritisieren kann. Implizit handelt es sich um ein Entwicklungsmodell, das letztlich einen reifen und souveränen Analytiker und einen unreifen, infantil gebliebenen Analysanden voraussetzt. Liest man die Fallberichte von Ferro, so scheint er meist sehr sicher zu sein, wo er sich gerade bewegt. Zwar wird die Störung des Prozesses durch Störungen im Analytiker theoretisch zugestanden, praktisch beschränkt sich diese aber darauf, kleinere Unregelmäßigkeiten, Unaufmerksamkeiten und Fehleinschätzungen des Analytikers zu berücksichtigen – die sogenannten »Signale aus dem Feld«. In Ferros Publikationen scheint es wenig Raum dafür zu geben, dass der Analytiker mit seiner Problematik unter Umständen via Enactment massiv den analytischen Prozess beeinflusst und auch stören kann – ganz im Gegensatz beispielsweise zu den Veröffentlichungen von Donnel B. Stern.

Die nordamerikanischen Feldtheoretiker weisen dem Analytiker eine wesentlich bescheidenere Rolle als in den beiden anderen Modellen zu. Er ist zunächst einmal in einer ziemlich ähnlichen Situation wie der Analysand, muss sich in kleinen Schritten einem Verständnis desselben annähern, das nicht auf dem direkten Wege vom

Unbewussten zum Unbewussten, sondern nur über die Entzifferung der metaphorischen Vorgänge des Analysanden und der gemeinsamen metaphorischen Ausarbeitung möglich ist. Der Analytiker bringt dabei nolens volens auch seine ungelösten Probleme mit ein, verwickelt sich durch Enactments, deren Erkennen und Aufarbeiten ein wesentlicher Teil des Prozesses sind. Es gibt keinen extraterritorialen Raum, auf den sich der Analytiker zurückziehen könnte, er bleibt notwendigerweise ständig verwickelt. Im Gegensatz zu den beiden anderen Modellen spielen detaillierte entwicklungspsychologische Überlegungen eine große Rolle, den realen Eigenschaften des äußeren Objekts für das So-Gewordensein des Analysanden wird neben den konstitutionellen Vorgängen und der kulturellen Matrix, in die er eingebettet ist, eine große Bedeutung zugemessen. Hier gibt es enge Berührungspunkte mit den gruppenanalytischen Vorstellungen von Sigmund H. Foulkes. Die Analyse von Widerstand, Übertragung und Gegenübertragung, wie sie sich im Aufeinanderprallen unterschiedlicher Narrative konstelliert, bleibt wesentlich und nähert sich wieder dem »klassischen« Modell an. Allerdings sind die Voraussetzungen – wie oben ausgeführt – andere, indem ein durchgehend objektbeziehungstheoretisches Modell verwendet wird, das Triebkomponenten nur im Gesamt des Austausches eine Bedeutung zumisst. Ein zentrales Element des Vorgehens ist die detaillierte Herausarbeitung des »persönlichen Mythos« des Analysanden, dessen Dekonstruktion und die Neubildung bzw. Modifikation von Narrativen. Behandlungstechnisch bedeutet dies je nach Schulrichtung eine wesentlich höhere Aktivität des Analytikers. Bei den Interpersonalisten und teilweise auch bei den Intersubjektivisten stellt neben der freien Assoziation vor allen Dingen das gezielte Nachfragen *(detailed inquiry)* ein wesentliches Werkzeug dar, das im Gegensatz zur traditionellen Position des eher zurückgenommenen, detachierten Analytikers steht.[32] Theoretiker wie Levenson (2005,

32 Aus Darstellungsgründen wird hier eine Gegenüberstellung der modernen Theorien und der sogenannten »klassischen« Behandlungstheorie vorge-

2017) konzeptualisieren die analytische Situation dabei als eine Begegnung zweier erwachsener Personen, die zusammen die jeweilige aktuelle Realität untersuchen. Bei einer derartigen Konzeption besteht die Gefahr, dass die analytische Situation einen scheinbar realistischen, auf konkrete Inhalte eingeengten Charakter annimmt und keine Entfaltung der fundierenden bewussten und unbewussten Phantasien im Sinne von Freuds »Spielfeld« oder dem »Traum-Raum« der Barangers und der Postbionianer ermöglicht wird. Andererseits betonen die interpersonalen Autoren, dass nur ein »direktes Engagement« eine wirkliche Verbindung zum Analysanden herstellt und damit das interpersonale Feld verändern kann. Die Innenwelt des Analysanden wird durch die neue interpersonale Erfahrung verändert – es handelt sich also um ein Begegnungsmodell innerhalb des Feldes. Dabei wird ausdrücklich postuliert, dass Veränderung im Analysanden auch Veränderung im Analytiker voraussetzt, dessen Veränderung oft dem Fortschritt des Analysanden vorausgeht.

Die Relationalen Theoretiker arbeiten zusätzlich zu einer an der klassischen Technik angelehnten Vorgehensweise mit dem explizit genutzten Element der sogenannten »Selbstoffenbarung«, d.h. einer selektiven und dem Prozess angepassten partiellen Offenlegung der Reaktionen des Analytikers, wobei eine unwillkürliche Offenlegung ohnehin ständig stattfinde, da der Analytiker seine Person nicht verbergen könne (und auch nicht sollte) (Renik, 1993). Der Punkt der Selbstoffenbarung wurde und wird von Vertretern des Mainstreams heftig kritisiert, wobei übersehen wird, dass gerade diese Frage sehr gewissenhaft innerhalb der Relationalen Theorie diskutiert wird. Es geht eben nicht um die ungefilterte, sozusagen »ausagierte« Partizipation des Analytikers, sondern um eine sorgfältig dosierte größere Partizipation, sofern der Analytiker den Ein-

nommen, die sehr wahrscheinlich so nicht mehr aktuell ist. Wahrscheinlich behandelt auch eine nicht geringe Zahl an »Mainstream-Analytikern« heutzutage wesentlich aktiver und offener als noch vor 50 Jahren.

druck gewinnt, dass dies den Prozess vorantreibt. Oft geht es um relativ simple Bemerkungen, bei denen der Analytiker dem Analysanden einen eigenen Gedanken, ein Gefühl oder einen Eindruck gewissermaßen anbietet – im Sinne eines In-die-Diskussion-Werfens mit der Einladung, dies vor allem auch kritisch zu diskutieren.

Behandlungsziele

Die traditionellen Behandlungsziele Freuds (Arbeits- und Liebesfähigkeit) werden von den drei Modellen implizit beibehalten: Die Barangers halten an der Aufdeckung der amnestischen Lücken und infantilen Sexualphantasien und den der frühen Objektbeziehungsmuster fest und sehen die analysierten Paarphantasien in diesen Kontext eingebettet. Bei den Postbionianern geht es darüber hinaus um eher sehr allgemein gehaltene Ziele wie eine Förderung der Erfahrungsverarbeitung durch Stärkung der Traumfunktion. Diese führe dazu, dass die allfälligen Konflikte besser oder überhaupt erstmals wahrgenommen und gelöst werden können. In anderer Nomenklatur (etwa bei Fonagy) könnte man sagen, dass es sich um einen Ansatz handelt, der die Förderung der Symbolisierungsfähigkeit bzw. Mentalisierung ganz in den Vordergrund stellt. Die nordamerikanischen Theoretiker beziehen sich – allerdings vor dem Hintergrund ständiger entwicklungstheoretischer Überlegungen – auf die metaphorische Umarbeitung des Erlebens des Analysanden (und des Analytikers). So geht es nicht um die Überwindung infantiler Positionen (Sexualität, paranoid-schizoide Position), sondern um die Erweiterung der metaphorischen Möglichkeiten. Psychische Krankheit wird als Einengung des persönlichen Narrativs verstanden, dessen Dekonstruktion ein umfassenderes Narrativ und damit umfassendere Erlebnis- und Entwicklungsmöglichkeiten bieten. An dieser Stelle berühren sich die Entwicklungsziele mit denen der Postbionianer, die in einer anderen Theoriesprache gefasst sind.

Ausblick: *Eine* Feldtheorie oder viele?

In Abwandlung des bekannten Titels von Robert Wallerstein »Gibt es eine Psychoanalyse oder viele?« (1988) stellt sich die Frage nach dem Nutzen und der Gestalt der Feldtheorie(n). Wie oben gezeigt, weisen die bisher erarbeiteten psychoanalytischen Feldtheorien zwar erhebliche Gemeinsamkeiten, aber auch wesentliche Unterschiede auf. Sind sie also ein weiterer Ausdruck der Zersplitterung der psychoanalytischen Landschaft oder tragen sie den Keim für einen stärkeren *common ground* in sich, der zu einer Vereinheitlichung und – vielleicht zunächst viel wichtiger – besseren Verständigung und Zusammenarbeit zwischen den psychoanalytischen Schulen und Richtungen führen könnte? Könnten sie zudem auch eine Brücke zur Gruppenanalyse schlagen helfen?

Die oben erwähnte Gruppe um die amerikanische Psychoanalytikerin Montana Katz hatte dies wohl im Sinn, und hat in insgesamt drei Veröffentlichungen (Katz, 2013, 2017; Katz, Cassorla & Civitarese, 2017) wichtige Vorarbeiten geleistet. Die Idee war, die verschiedenen Feldtheorien zu beschreiben, zu vergleichen und in einem weiteren Schritt an einer gewissermaßen *generischen* Feldtheorie zu arbeiten, die als Metatheorie verschiedene Feldtheorien beinhalten könnte. Langfristig könnte dies zu einer weiteren Integration vorhandener Feldtheorien und/oder deutlicher Abgrenzung und Definition derselben führen. Dieses Projekt wurde nach hoffnungsfrohen Anfängen zunächst nicht weitergeführt. Nach meinem Dafürhalten ist es aber sicherlich hilfreich, die Gedanken der Arbeitsgruppe um Katz aufzugreifen und gegebenenfalls weiterzuentwickeln, zumal das Feldmodell alle Ingredienzien eines für die Psychoanalyse revolutionären Paradigmas im Kuhn'schen Sinne besitzt: Es erweitert und präzisiert den neuen Ansatz der Intersubjektivität.

Auf Basis systemtheoretischer Ansätze, insbesondere auch der neuen Konzepte der Theorie dynamischer Systeme, integriert es unterschiedliche theoretische Modellvorstellungen der Psychoanalyse im Sinne einer übergreifenden Metatheorie (so wie dies Lewin auch ursprünglich im Bereich der Psychologie intendiert hatte).

Das bisher zweidimensionale System der Intersubjektivität, gebildet durch die innige Verschränkung von Übertragung und Gegenübertragung, wird durch eine dritte Dimension wesentlich erweitert: Beide Beteiligten der psychoanalytischen Situation generieren ein Feld, das sich neben der Wechselseitigkeit vor allem durch eine nicht-lineare Kausalität auszeichnet.[33] Die neue Struktur lässt bestimmte Erscheinungen im Feld nicht einseitig bestimmten Akteuren eindeutig zuordnen, diese ergeben sich vielmehr aus dem Zusammenwirken von Analytiker und Analysand. Das Feld hat darüber hinaus unerwartete und unvorhersagbare Eigenschaften, die als emergente, bei beiden Beteiligten separat und vorgängig nicht-vorhandene Eigenschaften verstanden werden können. Es entsteht also eine neue geteilte, und kokreierte Struktur, die Eigenschaften aufweist, die durch das alte Modell von Übertragung und Gegenübertragung nur teilweise erklärt werden können. Bei aller Gefahr der Reifizierung kann man von einer Struktur sprechen, die mit dem analytischen Prozess wächst und ihre eigenen Schicksale erleidet.

Der Feldgedanke kann als eine Erweiterung der Freud'schen Idee vom »Spielraum«, der in der analytischen Situation eröffnet

33 Das hier auch wichtige Modell der Nachträglichkeit (Freud, 1918b [1914]) ist ein Baustein dieser nicht-linear-kausalen Betrachtungsweise, in moderner Nomenklatur würde man von »Re-Transkription« sprechen (Modell, 1997).

wird, verstanden werden (Freud, 1912c). Dieser Feld-Spielraum zeigt im gelingenden Fall expansive Eigenschaften – und zwar für beide Beteiligten –, indem nämlich deren Verarbeitungs- und Erlebnismöglichkeiten mit der Erweiterung und Vertiefung des Feldes zunehmen, auch über die Beendigung der Analyse hinaus. Die BFT-Theoretiker haben dies explizit mit der Erweiterung der Alpha-Funktion konzeptualisiert, die nordamerikanischen Feldtheoretiker verstehen die (Neu)-Bildung offener Metaphern als grundsätzlich unendlichen Prozess.

Die vorliegenden Feldkonzeptionen betonen den traumartigen Charakter der psychoanalytischen Situation. Dies ist bei den Barangers und der BFT explizit formuliert, bestimmt vor allem bei der BFT die Behandlungspraxis. Die nordamerikanischen Feldtheoretiker verwenden eher das damit verwandte Konzept der gleichschwebenden Aufmerksamkeit, ergänzen es aber vor allem bei der Interpersonalen Psychoanalyse durch das Prinzip der detaillierten Nachfrage und Klärung *(sustained inquiry)* im Sinne einer Fokussierung; bei einigen Theoretikern wird eine Oszillation zwischen beiden Positionen empfohlen. Die Weiterentwicklung der »wachen Traumgedanken« steht aber auch in Verbindung mit der Idee der Dekonstruktion und Neukonstruktion offener, entwicklungsfördernder Metaphern, wie es beispielsweise Modell und Levenson vorschlagen.

Innerhalb des beobachteten Feldes lassen sich Bezirke mit unterschiedlichen Dynamiken beschreiben, die sich durch besondere Konstellationen von Übertragung und Gegenübertragung sowie zugehörige Widerstände auszeichnen. Neben Zonen der Stagnation (z.B. die von den Barangers als Bastionen, von den nordamerikanischen Theoretikern als Enactments beschriebenen Phänomene) finden sich Bereiche von Wachstum und Entwicklung (z.B. die zunehmende Fähigkeit, Alpha-Elemente zu bilden und zu nutzen bei der BFT, das Entstehen neuer Narrative bei den nordamerikanischen Feldtheoretikern).

Alle Komponenten des Feldes sind miteinander verbunden,

Veränderungen in einem Bereich des Feldes bewirken auch Veränderungen in allen anderen Bereichen, diese Veränderungen sind oft nicht eindeutig kausal zuzuordnen und vorhersagbar.

Das analytische Feld ist in andere Felder eingebettet und wird von diesen beeinflusst, etwa der unmittelbaren familiären und sozialen Umgebung, der Gesellschaft, des Zeitalters, letztlich der gesamten Menschheit. Insbesondere wird es auch von sozialen, ökonomischen, historischen und politischen Einflussfaktoren bestimmt.[34] Dadurch verliert die in dieser Hinsicht manchmal ahistorisch und allzu individuell bzw. individualistisch argumentierende Psychoanalyse ihren abgehobenen Status nicht nur hinsichtlich ihrer Einordung in die Wissenschaftsgemeinde, insbesondere mit Blick auf die Sozialwissenschaften, sondern auch bezüglich ihres Platzes in der Gesellschaft und ihrer Abhängigkeit von gesellschaftlichen Rahmenbedingungen – und wird integraler Bestandteil der gesellschaftlichen und wissenschaftlichen Situation.[35]

Hier werden neue Dimensionen des psychoanalytischen Prozesses hervorgehoben, wie z. B. die Bedeutung der unbewussten Paarphantasie bei den Barangers, das Prinzip der Alpha-Funktion des Traumes bei der BFT oder die metaphorisierenden Eigenschaften des Feldes bei den nordamerikanischen Theoretikern. Gewissermaßen Marker der Situation des Feldes sind die Erweiterung der Traum- und sonstigen Erlebensmöglichkeiten, die Er-

---

34 Hier bestehen erhebliche Unterschiede zur Triebtheorie, die Vieles als endogen-zeitlos und universal auffasst; ebenso besteht eine Unvereinbarkeit mit der Ich-psychologischen Vorstellung der durchschnittlich zu erwartenden Umgebung (Hartmann, 1939).

35 So wäre eine Einführung kassenfinanzierter psychoanalytischer Langzeitbehandlungen unter den jetzigen gesellschaftlichen Rahmenbedingungen in der BRD wohl kaum durchsetzbar; vermutlich wären die in freier Praxis tätigen Psychoanalytiker wie in fast allen anderen Ländern auf einige wenige wohlhabende und schon bisher privilegierte Patienten angewiesen und eingeschränkt.

weiterung der Paarphantasie (inklusive des Einschlusses dritter Personen) und Bildung neuer generativer Narrative.

Die Feldtheorien sind prozessorientiert: Während es in der traditionellen Theoriebildung eher um die Bearbeitung und möglichst umfängliche Auflösung von pathologischen Konstellationen wie des Ödipuskomplexes oder des Komplexes von Trennung und Individuation sowie das Erreichen einer bestimmten Position (z. B. der depressiven Position usw.) geht, postulieren die Feldtheoretiker einen prinzipiell unabgeschlossenen und offenen Entwicklungsprozess, der durch die Analyse angestoßen wird. Dieser Prozess zeichnet sich eher durch zyklische Vorgänge der Wiederholung auf unterschiedlichem Niveau (z. B. in Form der therapeutischen Spirale bei Pichon-Rivière) und Re-Transkription (Modell) aus, denn durch ein lineares Fortschreiten zu immer »reiferen« beispielsweise »postödipalen« Strukturen hin. Entsprechend sind die Kriterien des Behandlungsfortschritts allgemeiner gefasst.

- Erweiterung der Alpha-Funktion mit Förderung der Bildung wacher Traumgedanken (BFT)
- Dekonstruktion erstarrter Metaphern und Neubildung offener Metaphern in flexibler gestalteten Narrativen (nordamerikanische Theoretiker)
- Dekonstruktion starrer innerer Paarbilder (als Ausdruck der inneren Objektwelt) hin zu flexibleren Paaren mit erweiterten Interaktionsmöglichkeiten (Baranger)

Hier ergeben sich wichtige Schnittstellen mit der Foulkes'schen Gruppenanalyse, die sozusagen ein übergeordnetes Multi-Personen-Feld gegenüber der Einzelsituation der Psychoanalyse darstellt, wobei auch dort immer die »innere Gruppe« (Kaes, 2009) der wichtigen Bezugspersonen mit aktiviert, und grundsätzlich auch mitbedacht werden sollte.

Das Feldmodell könnte somit eine Art Kompass für ganz unterschiedliche psychoanalytische und gruppenanalytische

Modelle darstellen, zumindest aber den Austausch zwischen den verschiedenen Schulrichtungen der Psychoanalyse und der Gruppenanalyse erleichtern, indem es eine gemeinsame Beobachtungsplattform bereithält (siehe dazu auch Tubert-Oklander, 2014). Alle beobachteten Phänomene und einen Teil der Theoriekonstrukte kann man implizit sicher auch in gewissem Umfang in der traditionellen Psychoanalyse finden. Der Vorzug der Feldtheorien liegt darin, dass sie diese Größen genauer erfassen, systematisieren und ihnen einen angemessenen Platz zuweisen, was enorme theoretische, vor allem aber behandlungspraktische Folgen hat. So erweitern die Feldtheorien insgesamt unsere Verständnis- und Interventionsmöglichkeiten, auch wenn sich unter ihnen bisher nur gewisse Konvergenzen nachweisen lassen, bisher keine übergreifende Feldtheorie entworfen werden konnte.

Literatur

Allen, J.G., Fonagy, P. & Bateman, A.W. (2008). *Mentalisieren in der psychotherapeutischen Praxis.* Stuttgart: Klett-Cotta.

Altmeyer, M. & Thomä, H. (2006). *Die vernetzte Seele. Die intersubjektive Wende in der Psychoanalyse.* Stuttgart: Klett-Cotta.

Argelander, H. (1968). Gruppenanalyse unter Anwendung des Strukturmodells. *Psyche – Z Psychoanal, 22*(12), 913–933.

Aron, L. (1996). *A Meeting of Minds. Mutuality in Psychoanalysis.* Hillsdale: The Analytic Press.

Baranger, M. (2009 [1993]). The mind of the analyst: from listening to interpretation. In ders. & W. Baranger, *The Work of Confluence. Listening and Interpreting in the Psychoanalytic Field* (S. 89–106). London: Karnac.

Baranger, M. & Baranger, W. (2009 [1964]). Inside in the analytic situation. In dies. (Hrsg.), *The Work of Confluence. Listening and Interpreting in the Psychoanalytic Field* (S. 1–16). London: Karnac.

Baranger, M. & Baranger, W. (2009). *The Work of Confluence. Listening and Interpreting in the Psychoanalytic Field.* London: Karnac.

Baranger, M. & Baranger, W. (2018 [1961/1962]). Die analytische Situation als dynamisches Feld. *Psyche – Z Psychoanal, 72*(9/10), 739–784.

Baranger, M., Baranger, W. & Mom, J. (2009 [1983]). Process and non-process in analytic work. In M. Baranger & W. Baranger, *The Work of Confluence. Listening and Interpreting in the Psychoanalytic Field* (S. 63–88). London: Karnac.

Baranger, W. (2009 [1979]). Spiral Process and the dynamic field. In M. Baranger & W. Baranger, *The Work of Confluence. Listening and Interpreting in the Psychoanalytic Field* (S. 45–62). London: Karnac.

Basch, M.F. (1988). *Die Kunst der Psychotherapie.* München: Pfeiffer.

Benjamin, J. (2018). *Beyond Doer and Done to.* London, New York: Routledge.

Billow, R.M. (2003). *Relational Group Psychotherapy. From Basic Assumptions to Passions.* London: Jessica Kingsley Publishers.

Bion, W.R. (1957). The Differentiation of the psychotic form the non-psychotic personalities. *Int J Psychoanal, 38*, 266–75.

Bion, W.R. (1991 [1961]). *Experiences in Groups.* London: Routledge.

Bion, W.R. (1993 [1970]). *Attention and Interpretation*. London: Karnac.

Bion, W.R. (1982). *The Long Weekend: 1897–1918. Part of a Life*. London: Free Associations Books.

Bohleber, W. (2018). Übertragung – Gegenübertragung – Intersubjektivität. Zur Entfaltung ihrer intrinsischen Komplexität. *Psyche – Z Psychoanal, 72*(9/10), 702–733.

Boston Change Process Study Group (2010). *Change in Psychotherapy. A Unifying Paradigma*. New York, London: W.W. Norton & Company.

Bromberg, P.M. (1998). *Standing in the Spaces. Essays on Clinical Process, Trauma and Dissociation*. Hillsdale NJ, London: The Analytic Press.

Brown, D.G. (1985). Bion and Foulkes, basic assumptions and beyond. In M. Pines (Hrsg.), *Bion and Group Psychotherapy* (S. 192–219). London, Philadelphia: Jessica Kingsley Publishers.

Brown, L.J. (2020). A Discussion of »Field Theory and the Dream Sense: Continuing the Comparison of Interpersonal/Relational Theory and Bionian Field Theory«. *Psychoanalytic Dialogues, 30*(5), 554–559.

Cassorla, R.M.S. (2013). Reflections on Non-Dreams-for-Two, Enactment and the Analysts implicit Alpha-Function. In H. Levine & L.J. Brown (Hrsg.), *Growth and Turbulence in the Container/Contained. Bion's continuing Legacy* (S. 149–176). New York: Routledge.

Dick, H.V. (1993 [1967]). *Marital Tensions*. London: Routledge and Kegan.

Dietrich, G. & Fossel, F. (Hrsg.). (2022, i.D.). *Gruppenpsychoanalyse – Theorie, Geschichte und Praxisfelder der gruppenanalytischen Methode*. Wien: Facultas.

Dupont, J. (Hrsg.). (1988). *The Clinical Diary of Sándor Ferenczi*. Cambridge MA, London: Harvard University Press.

Eco, U. (1991). *Semiotik. Entwurf einer Theorie der Zeichen*. Paderborn: Wilhelm Fink.

Eco, U. (1998 [1981]). *Lector in Fabula. Die Mitarbeit der Interpretation in erzählenden Texten*. Stuttgart: Deutsche Verlagsgesellschaft.

Fairbairn, W.R.D. (2000). *Das Selbst und die inneren Objektbeziehungen. Eine psychoanalytische Objektbeziehungstheorie*. Gießen: Psychosozial-Verlag.

Ferenczi, S. (1984 [1932]). Die Sprachverwirrung zwischen den Erwachsenen und dem Kind (Die Sprache der Zärtlichkeit und der Leidenschaft). In ders., *Bausteine zur Psychoanalyse III* (S. 511–525). Berlin: Ullstein.

Ferenczi, S. (1984). *Bausteine zur Psychoanalyse I–IV*. Berlin: Ullstein.

Ferenczi, S. (1988). *Ohne Sympathie keine Heilung. Das klinische Tagebuch von 1932*. Herausgegeben von J. Dupont. Frankfurt a.M.: S. Fischer.

Ferro, A. (2003 [1999]). *Das bipersonale Feld. Konstruktivismus und Feldtheorie in der Kinderanalyse*. Gießen: Psychosozial-Verlag.

Ferro, A. (2006 [1999]). *Psychoanalysis as Therapy and Storytelling*. New York: Routledge.

Ferro, A. (2009 [2006]). *Mind works. Technique and Creativity in Psychoanalysis.* New York: Routledge.

Ferro, A. & Civitarese, G. (2013). Analysts in Search of an Author: Voltaire or Artemisia Gentileschi? *Psychoanalytic Dialogues, 23*(6), 646–653.

Ferro, A. & Civitarese, G. (2015). *The Analytic Field and its Transformations.* London: Karnac.

Fonagy, P., Gergely, G., Jurist, E.L. & Target, M. (2008 [2002]). *Affektregulierung, Mentalisierung und die Entwicklung des Selbst.* Stuttgart: Klett-Cotta.

Foulkes, S.H. (1974 [1964]). *Gruppenanalytische Psychotherapie.* Frankfurt a.M.: Geist und Psyche.

Foulkes, S.H. (1983 [1948]). *Introduction to Group Analytic Psychotherapy.* London: Karnac.

Foulkes, S.H. (1990 [1971]). The group as matrix of the individuals mental life. In ders., *Selected Papers. Psychoanalysis and Group Analysis* (S. 235–248). London: Karnac.

Foulkes, S.H. (1990). *Selected Papers. Psychoanalysis and Group Analysis.* London: Karnac.

Foukes, S.H. & Anthony, E.J. (1984 [1957]). *Group Psychotherapy. The psychoanalytic approach.* London: Karnac.

Freud, S. & Breuer, J. (1970 [1895]). *Studien über Hysterie.* Frankfurt a.M.: S. Fischer.

Freud, S. (1910d). Die zukünftigen Chancen der psychoanalytischen Therapie. *GW VIII*, S. 104–115.

Freud, S. (1912e). Ratschläge für den Arzt bei der psychoanalytischen Behandlung. *GW VIII*, S. 376–387.

Freud, S. (1913c). Zur Einleitung der Behandlung (Weitere Ratschläge zur Technik der Psychoanalyse, I). *GW VIII*, S. 454–478.

Freud, S. (1918b [1914]). Aus der Geschichte einer infantilen Neurose. *GW XII*, S. 27–157.

Freud, S. (1923b). *Das Ich und das Es. GW XIII*, S. 237–289.

Fromm-Reichmann, F. (1978 [1959]). *Psychoanalyse und Psychotherapie.* Stuttgart: Klett-Cotta.

Galatzer-Levy, R.M. (2016). Der Grenzbereich zum Chaos. *Psyche – Z Psychoanal, 70*(11), 1013–1040.

Galatzer-Levy, R.M. (2017). *Non-linear Psychoanalysis. Note from Forty Years of Chaos and Complexity Theory.* London: Routledge.

Ghent, E. (2018). *The Collected Papers of Emmanuel Ghent. Heart Mealts Forward.* London: Routledge.

Goldberg, A. (1998). Self Psychology since Kohut. *Psychoanalytic Quarterly, 17*, 240–255.

Greenberg, J.R. & Mitchell, S.A. (1983). *Object Relations in Psychoanalytic Theory.* Cambridge MA, London: Harvard University Press.

Grünbaum, A. (1984). *The Foundations of Psychoanalysis. A Philosophical Critique.* Berkeley, Los Angeles, London: University of California Press.

Gustafson, J. P. & Cooper, L. (2000 [1985]). After Basic assumptions: on holding a specialized versus a general theory of participant obversation in small groups. In M. Pines (Hrsg.), *Bion and Group Psychotherapy* (S. 157–175). London: Routledge.

Hartmann (1939). Ich-Psychologie und Anpassungsproblem. *Psyche – Z Psychoanal, 14*(2), 81–164 [Nachdruck].

Harrison, T. (2000). *Bion, Rickman, Foulkes and the Northfield Experiments. Advancing on a different front.* London: Jessica Kingsley Publishers.

Heimann, P. (1950). On Countertransference. *Int J Psychoanal, 31,* 81–84.

Hirsch, M. (Hrsg.). (2008). *Die Gruppe als Container. Mentalisierung und Symbolisierung in der analytischen Gruppenpsychotherapie.* Göttingen: Vandenhoeck & Ruprecht.

Hopper, E. (2003). *Traumatic Experiences in the Life of Groups. The Fourth Basic Assumption: Incohesion, Aggression/Massification.* London: International Library of Group Analysis; Jessica Kingsley Publishers.

Hopper, E. (2018). *Trauma and Organizations.* London: New International Library of Group Analysis.

Horney, K. (1994 [1937]). *The Neurotic Personality of Our Time.* New York: W. W. Norton & Company.

Jacobs, T. (1991). *The Use of the Self.* New York: International Universities Press.

Jacobs, T. (2005). On Misreading and Misleading Patients. Some Reflections on Communications, Miscommunications and Countertransference Enactments. In L. Aron & A. Harris (Hrsg.), *Relational Psychoanalysis. Vol. 2* (S. 175–204). London: The Analytic Press.

Kaes, R. (2009). Innere Gruppe und psychische Gruppalität. *Psyche – Z Psychoanal, 63*(3), 280–305.

Katz, M. (Hrsg.). (2013). *Metaphor and Fields. Comon Ground, Common Language and the Future of Psychoanalysis.* London: Routledge.

Katz, M. (2017). *Contemporary Field Theory. Stories, Dreams and Metaphor.* London: Routledge.

Katz, M., Cassorla, R. & Civitarese, G. (Hrsg.). (2017). *Advances in Contemporary Psychoanalytic Field Theory. Concept and Future Development.* London: Routledge.

Klein, J. S. (1976). *Psychoanalytic Theory.* New York: International Universities Press.

Lakoff, G. & Johnson, M. (1980). *Metaphors we live by.* Chicago: Chicago University Press.

Levenson, E. A. (2001). The enigma of the unconscious. *Contemp Psychoanal, 37,* 239–252.

Levenson, E. A. (2005). *The Fallacy of Understanding and the Ambiguity of Change.* New York: Analytic Press.

Levenson, E. A. (2017). *The Purloinded Self: Interpersonal Perspectives in Psychoanalysis.* London, New York: Routledge.
Lewin, K. (1953 [1940]). *Die Lösung sozialer Konflikte. Ausgewählte Abhandlungen über Gruppendynamik.* Bad Nauheim: Christian.
Lewin, K. (1969 [1936]). *Grundzüge der topologischen Psychologie.* Bern: Huber.
Lewin, K. (1981 [1931]). Der Übergang von der aristotelischen zur galileischen Denkweise in Biologie und Psychologie. In ders., *Wissenschaftstheorie 1* (*Werkausgabe Band 1.* Herausgegeben von Alexandre Métaux) (S. 233–278). Bern, Stuttgart: Huber, Klett-Cotta.
Lewin, K. (1981). *Wissenschaftstheorie 1 (Werkausgabe Band 1).* Herausgegeben von Alexandre Métaux. Bern, Stuttgart: Huber, Klett-Cotta.
Lewin, K. (1982 [1943]). *Feldtheorie (Werkausgabe Band 4).* Herausgegeben von C.-F. Graumann. Bern, Stuttgart: Huber, Klett-Cotta.
Lewin, K. (2012). *Feldtheorie in den Sozialwissenschaften.* Bern: Huber.
Lichtenberg, J. D. (1989). *Psychoanalysis and Motivation.* Hillsdale NJ London: The Analytic Press.
Lichtenberg, J. D., Lachmann, F. M. & Fosshage, J. L. (2011). *Psychoanalysis and Motivational Systems. A New Look.* New York, London: Routledge.
London, I. (1944). Psychologists misuse of auxiliary concepts of physics and mathematics. *Psychological Review, 51,* 266–291.
Lück, H. E. (1996). *Die Feldtheorie und Kurt Lewin.* Weinheim: PsychologieVerlagsUnion.
Malan, D. R., Balfour, F. H. G., Hood, V. G. & Shooter, A. M. N. (1976). Group Psychotherapy: along-term follow-up study. *Arch Gen Psychiat, 33,* 1303–1314.
Marrow, A. J. (1977 [1969]). *Kurt Lewin. Leben und Werk.* Stuttgart: Klett-Cotta.
Merleau-Ponty, M. (2001 [1945]). *Phänomenologie der Wahrnehmung.* Berlin: De Gruyter.
Merleau-Ponty, M. (2004 [1964]). *Das Sichtbare und das Unsichtbare.* Paderborn: Wilhelm Fink.
Mitchell, S. A. (1988). *Relational Concepts in Psychoanalysis. An Integration.* Cambridge, MA., London: Harvard University Press.
Modell, A. (1984). *Psychoanalysis in a New Context.* Madison, CT: International Universities Press.
Modell, A. (1990). *Other Times, other Realities.* Cambridge MA, London: Harvard University Press.
Modell, A. (1997). Reflections on Metaphor and Affects. *The Annual of Psychoanalysis, 25,* 219–233.
Modell, A. (2005). *Imagination and the Meaningful Brain.* Cambridge MA, London: MIT Press.
Ogden, T. (1994). The Analytic Third: Working with Intersubjective Clinical Facts. *Int J Psychoanal, 75,* 3–19.

Ogden, T. (2005). *This Art of Psychoanalysis. Dreaming Undreamt Dreams and Interrupted Cries.* New York: Routledge.

Ogden, T. (2006). Das analytische Dritte, das intersubjektive Subjekt der Analyse und das Konzept der Projektiven Identifizierung. In M. Altmeyer & H. Thomä (Hrsg.), *Die vernetzte Seele. Die intersubjektive Wende in der Psychoanalyse* (S. 35–64). Stuttgart: Klett-Cotta.

O'Shaugnessy E. (1992). Enclaves and Excursions. *Int J Psychoanal, 73,* 603–611.

Pichon-Rivière, E. (1958). Referential schema and dialectical spiral process as basis to a problem of the past. *Int J Psychoanal, 39,* 294 [Abstract].

Pines, M. (2000 [1985]). *Bion and Group Psychotherapy.* London: Routledge.

Potthoff, P. (2022, i.D.). Psychoanalytische Feldtheorien als Bausteine einer modernisierten Theorie der Matrix? In G. Dietrich & F. Fossel (Hrsg.), *Gruppenpsychoanalyse – Theorie, Geschichte und Praxisfelder der gruppenanalytischen Methode.* Wien: Facultas.

Racker, H. (1978 [1959]). *Übertragung und Gegenübertragung. Studien zur psychoanalytischen Technik.* Basel: Reinhardt.

Reich, W. (1985 [1933]). *Charakteranalyse.* Frankfurt a. M.: S. Fischer.

Renik, O. (1993). Analytic Interaction: Conceptualizing Technique in Light of the Analysts Irreducible Subjectivity. *Psychoanalytic Quarterly, LXII,* 553–571.

Rosenfeld, D. (2005 [1987]). *Impasse and Interpretation.* New York: Brunner-Routledge.

Sandler, J. (1976). Countertransference and Role-Responsiveness. *Int R Psychoanal, 3,* 43–47.

Scharff, J. S. & Scharff, D. E. (1998). *Object Relations Individual Therapy.* London: Karnac.

Steiner, J. (1993). *Psychic Retreats: Pathological Organizations in Psychotic, Neurotic and Borderline Patients.* London: Routledge.

Stern, D. B. (2010). *Partners in Thought. Working with unformulated experience, dissociation and enactment.* New York: Routledge.

Stern, D. B. (2013a). Field Theory in Psychoanalysis. Part 1: Harry Stack Sullivan and Madelaine and Willy Baranger. *Psychoanalytic Dialogues, 23*(5), 487–501.

Stern, D. B. (2013b). Field Theory in Psychoanalysis. Part 2: Bionian Field Theory and Contemporary Interpersonal/Relational Psychoanalysis. *Psychoanalytic Dialogues, 23*(6), 630–645.

Stern, D. B. (2020). Field Theory and the Dream Sense: Continuing the Comparison of Interpersonal/Relational Theory and Bionian Field Theory. *Psychoanalytic Dialogues, 30*(5), 538–553.

Stern, D. N. (2007 [2004]). *Der Gegenwartsmoment. Veränderungsprozess in Psychotherapie und Alltag.* Frankfurt a. M.: Brandes & Apsel.

Stolorow, R.D. Atwood, G. & Brandchaft, B. (1994). *The Intersubjective Perspective.* Oxford: Jason Aronson.

Stolorow, R.D., Brandchaft, B. & Atwood, G.E. (1995). *Psychoanalytic Treatment. An Intersubjective Approach.* New York: The Analytic Press.

Strachey, J. (1934). The Nature of the Therapeutic Action in Psychoanalysis. *Int J Psychoanal, 15,* 127–159.

Sullivan, H.S. (1953). *The Interpersonal Theory of Psychiatry.* New York: W.W. Norton & Company.

Sullivan, H.S. (1974). *Schizophrenia as Human Process.* New York: W.W. Norton & Company.

Thompson, C. (1950). *Psychoanalysis. Evolution and Development.* New York: Hermitage House.

Toadvine, T. & Lawlor, L. (2007). *The Merleau-Ponty Reader.* Evanston Illinois: Northwestern University Press.

Tubert-Oklander, J. (2014). *The One and the Many. Relational Psychoanalysis and Group Analysis.* London: Karnac.

Volkan, V. (2000). *Das Versagen der Diplomatie: Zur Psychoanalyse nationaler, ethnischer und religiöser Konflikte.* Gießen: Psychosozial-Verlag.

Wallerstein, R. (1988). One Psychoanalysis or Many? *Int J Psychoanal, 69,* 5–21.

Antonino Ferro

Das bipersonale Feld

Konstruktivismus und Feldtheorie in der Kinderanalyse

2003 · 298 Seiten · Broschur
ISBN 978-3-89806-220-6

Mit *Das bipersonale Feld. Erfahrungen in der Kinderanalyse* legt der in Deutschland durch Vorträge und Aufsatzveröffentlichungen bekannt gewordene Autor seine Theorie des bipersonalen Feldes erstmals ausführlich in Buchform dar.

Antonino Ferro entwickelt ein neues konzeptuelles System zur Analyse des »bipersonalen Feldes«, auf das sich sein Deutungsansatz richtet. Während sich die Analyse in der Tradition Freuds auf die bewussten und unbewussten Auswirkungen der Biografie und der äußeren Beziehungen des Patienten konzentrierte und der kleinianische Ansatz auf dessen innere Welt der unbewussten Fantasien, rücken bei Ferro Interpersonalität und Intersubjektivität ins Zentrum der Behandlung. In der Nachfolge Wilfred Bions und gestützt auf die Feldtheorie Kurt Lewins sowie deren Interpretation durch Madeleine und Willy Baranger beschreibt der Autor eine narratologische Theorie der Psychoanalyse, nach der an die Stelle der durch »starke« Deutungen des Analytikers gesetzten Zäsuren gemeinsame, von Patient und Analytiker konstruierte Narrationen treten – die Dechiffrierung von Bedeutungen wird ersetzt durch die Konstruktion neuer Bedeutungen. Illustriert wird dieses Verfahren durch eine Fülle an klinischem Material aus der Behandlung zumeist schwer gestörter Kinder und Jugendlicher.